恕書

请你帮助我生活

S'IL TE PLAIT, AIDE-MOI A VIVRE

Jeanne Siaud-Facchin

[法] 让娜·西奥-法金 著　郑园园 译

生活·讀書·新知 三联书店 生活書店出版有限公司

图书在版编目（CIP）数据

请你帮助我生活 / (法) 让娜 · 西奥 - 法金著 ; 郑园园译. — 北京 : 生活书店出版有限公司, 2021.4
ISBN 978-7-80768-345-2

Ⅰ. ①请… Ⅱ. ①让… ②郑… Ⅲ. ①心理学 Ⅳ. ① B84

中国版本图书馆CIP数据核字(2021)第034009号

策划编辑　李　娟
责任编辑　李　娟　乔姝媛
封面设计　视觉共振设计工作室
版式设计　罗　洪
封面插画　罗可一
责任印制　常宁强
出版发行　**生活書店出版有限公司**
（北京市东城区美术馆东街22号）
图　　字　01-2020-2341
邮　　编　100010
经　　销　新华书店
印　　刷　捷鹰印刷（天津）有限公司
版　　次　2021年4月北京第1版
2021年4月北京第1次印刷
开　　本　880毫米 × 1230毫米　1/32　印张10.75
字　　数　209千字
印　　数　0,001- 6,000册
定　　价　48.00元
（印装查询：010-64052066；邮购查询：010-84010542）

目录

根基五

为何写这本书？

真正的发现，不在于寻找新的风景，而在于改变看待事物的眼光。

——马塞尔·普鲁斯特

这是本关于心理学的书吗？不，这是本为了心理学而写的书。为了让心理学回归到自己的核心位置，去理解、思考、分析、解码人心并抚平生活中的各种曲折，让它深入我们的内心，探索其中每个褶皱、每个凹凸之处。

这才是我们需要的心理学。

这样的心理学是为了帮助我们更好地活着，使我们充满野心、意图和信念。它让我们活出自己的生命，仅仅属于我们自己的生命。生命啊，如此顽强又如此脆弱！我们将其握在手中，偕同前行。前进，意味着有一个方向、一个坐标；也意味着有时间性、有起始、有终点。终点指向死亡及对死亡的恐惧，我们被其纠缠、折磨着，总是试图逃避和忽略，似乎只要避免感受到这种存在的焦虑，就可以胜过死亡。虽然有可能的确如此，但比死亡更强大的，是决定真正地活出生命，而不只是仅仅存活下来。活出生命和存活下来，这两者之间的区别实在太大了！

当我意识到在我身体之内运转的是什么；当我意识到我在想什么、说什么、感受到什么——我的感受被限制在某个模糊的结构内，而我对这个结构几乎一无所知；当我意识到真实的自己是在不知不觉中被建造出来的；当我意识到我可以重新按着自己的期待成为生活的舵手，就在我自己的生命中。彼时，我便可以再一次品尝令人陶醉的自由，过上自己真正想要的生活——让我感觉良好的生活；我便终于可以理解尼采所说的“成为你自己”！借由他人、生活及我身边的一切去观察，用心去感受围绕着我、充满复杂人性的紧密关系网。我之所以成为我，是因为我不是一个自我延展、自我膨胀的堡垒——仿佛整个世界都需要围着我转。成为真正的自己，是成为自由且相互连接的人类整体的一部分，独立却能融入这个整体。这并不矛盾，而是必须的。

心理学让我们来到舞台的另一面。还记得电影《楚门的世界》，可怕的幕布掉下来的时候，我们心底最原始的恐惧被唤醒：我们成为某种高级的玩具，由它来决定我们的行为、选择和感受。

然而，我们在日常生活中就是这样的！谁是幕后大人物呢？潜意识！是它，只有它。它用我们生活的线织成一张作为一切底色的网，编织我们的神经网和记忆，它让我们相信自己可以独立做出选择，还让我们以为它就是我们，我们就是它。

好吧，是的，潜意识真实存在，也幸好如此。只是，它跟我们想象的不一样：它不是弗洛伊德和精神分析师们定义的潜意识，不是让躺在老旧沙发上的患者喋喋不休地讲述自己生活的潜意识，也不是沉浸在原始欲望和压抑的利比多带来的焦虑中的潜意识。潜意识是与生物、生理、神经和激素相关的真实存在。正是这个存在，参与到我们与生俱来的本能和面对这个接待、塑造我们的世界无法避免的碰撞中，奠定了我们作为人的基础。

这个潜意识，包含了我们无法从记忆和意识中直接获得的一切；每一天、每个时刻它都在塑造我们；它是我们经历过的、感受到的、诠释过的、完成了的所有的果实；它是我们决定、思考、观察的参与者。潜意识有其双面性，它是我们存在的产物，也是它让我们成了目前这个样子。

当我在特定处境中反应激烈时，是潜意识的某个“程序”指挥着我的情绪、反应、言语及对处境的理解。但同时，所有我说的、感受到的，以及在此处境下的这个经历，都会修改我的“程序”，以后我再遇到类似的情境时，修改后的“程序”就会启动，让我用相近却稍有不同的方式去反应、去行动、去感受。潜意识是我人生旅途中的亲密伙伴、坚决不放手的向导，它根据我的经历和我的反应进行持续的自我修正。

这就是本书的主题：新心理学如何成为必然，并成为一种救赎。这种心理学脱离常规的做法——从在痛苦的过往中翻找的“考古学模式”——转向潜能心理学。它不是寻找或沉溺于破坏我们生活的人、事、物，而是探索我们最深层的思想和情感的奥秘，把我们从潜意识的枷锁中解救出来，让我们利用被释放出来的空间去选择真正适合自己的生活。新心理学认为我们所有人都拥有生命的储备包，那是让我们重新上路的资源。新心理学为了让每个人都获得安适生活的方法，机智且灵活地融合了神经科学和目前科学研究的已知的所有知识、成果，其中包括情感、认知和社交等方方面面。新心理学认为每个人都有生活得好的权利，任何类型的心理医生都只是他人生命中的过客。它做出承诺，并信守承诺；它成熟、完善，用整体的观念思考人类，并且十分有效。新心理学的时代来临了！它并非新理论、新思潮、新意识形态，而是采取了大胆、投入的新姿态。今天，很多人都觉得我们迫切地需要把新心理学发扬光大。

说到底，新心理学的承诺其实很简单：每个心理医生都对为患者采用的医疗方案负责，且负责到底。心理医生不仅仅只是个聆听并能真正听懂的人，而且是和患者一起重新建造生命的人；他们一起起草“平面图”，一起调整、修正。为了建造这座“建筑物”，双方一起使用一些已有的“材料”，调整另一些“材料”，创造出额外需要的另一些“材料”……

新心理学的承诺，是通过两个人的能力，两个人身上的丰富宝藏，一起来创造。共同重建的合作关系——目前非常流行的方式，一方不再被当作全能者，甚至有时还操纵着另一方。我们不再是自己的经历及潜意识这个暴君统治下的受害者，而是承担起自己生命责任的自由行动者。正如弗朗索瓦·鲁斯唐（François Roustang）[1]所说的，结束抱怨吧。这个想法有点疯狂，有时甚至会带来最糟糕的情况，但我们仍然应该期待最终——出现最好的情况，虽然我们常说：没有完美的事！但希望我们都可以感受到最好的！

这本书就是在此理念下诞生的，是我所学、所理解以及在我的人生中每个人传递给我的信息的结晶。十年前我不可能写这本书，我需要时间看到一些事情真正地发生改变。去看心理医生让人多么害怕，去之前我们不知道会发生什么，也不知道自己会“遇到”什么样的医生。这种害怕如此合理、正常、沉重，以至于我们必须重视它、接纳它并安抚它。

我遇到的每个儿童、每个青少年、每个成年人，坚持以迂回的言语或表达方式问了我这个问题并让我直面这个挑战——“请你帮助我生活吧”，而我，一直都坦诚接受。

这是小王子的羊，是允许每个人前进、实现自我的探索。关于幸福？我不清楚，幸福是另一个故事。找到自己的位置，为自己最真实的样子以及所成就的感到骄傲，回望自己所走过

1 François Roustang, *La Fin de la plainte*, Odile Jacob, 2000.

的路毫无遗憾，在我看来是最有价值的事。

但要接受这个挑战，就不能害怕。我指的是心理医生。他必须以他所知的一切，自认为了解的一切，带着好奇心，用初学者的眼光，运用创造力、原创性、全身心地投入职责所在。没有一个人的侧影、一个故事、一个案例可以与另一个人的进行比较。每一个患者，对医生来说都是一段新历险的开始；每个人的生命方向都是独一无二的；每一个治疗灵感都是唯一的；每个人的命运都是无可比拟的。疾病共同的命名只是给我们一些概念，而每一次咨询，都把我们的旅途带向一个目的地，医生和患者中只有一个人拥有通往此目的地大门的钥匙。心理医生应该是找到钥匙的人，他理当知道该如何使用这把钥匙。

一个人是完整的、难以捉摸的、谦逊的、脆弱的。一个人，仅仅作为一个人。一个充满人性的人。一个仅在此刻需要帮助的人，一个仅在此刻提供帮助的人。这二者又有什么区别呢？

如果新心理学与传统心理学最大的区别就在于爱呢？爱意味着我们深切关注他人，关注他是谁、他过的生活、他与我们相关的事；爱就是我们敢想的，敢于感受的，敢于说出口的。爱自己的患者……是所有成功的陪伴中最有效的成分，是通往他人生命的道路。

新心理学不会把他人孤立起来，而是与他人分享所理解的一切。新心理学敞开自己，分享知识、能力、技巧，让受惠的人再去传播给他身边的每一个人。所谓的每一个人，都是独特且复杂的个体，身上带着他个人的经历和所处社会的文化印记。最重要的是，他能意识到存在本身，坚定地面对自己的未来。

过去我们试图扮演可以解决任何问题的角色，再加上个人发展心理学随着潮流和时代的行进遍地开花。新心理学却不会迷失在其中，它为全面地理解人类提供了支柱。

过得好，过得非常好，活出美好；虽然日子一样却能过得更好；这样的目标是我们永远不该失去的水平线。这也是新心理学不断更新的意图，它绝不会在错觉和坊间流行的伪心理学中迷失自我。心理学是一门科学，当然是人文科学，因此必然无法完全精准，但它的确建立在证据和观察之上，强调理论和临床、研究和应用之间的稳定关系。这是一门持续成长、不断前进和发展的心理学。一门新的心理学。

心理学，根基和翅膀

心理学是我们生命的核心，关乎我们是谁、怎么活。心理学，就是我们，你、我、所有人！我们所有人都在尽可能用最好的方式去回应这巨大的挑战——活着。

心理学是心灵[1]的科学。心灵，这个如此强烈却已过时了的词包含了一切：看得见的，看不见的；我们理解的，不理解的；让我们与他人不同的，把我们联结在一起的。它关于身和心，血和灵；关于活着的挑战，对生命意义的需求；关于我们如何赋予生活意义。为了知道前往何方，去理解我是谁；为了把我们生命的轨迹朝向一个方向，去明白什么驱使我们、让我们的心灵前进。生命的轨迹被限定在一个范围内，我们全都置身其中，我们就在这里，生命就在我们的眼前，那是我们的生

---

1 在古希腊文中，psyché（心理）的意思是心灵。

命。去理解，也去感受；感受到我们走在正确的道路上，这条路上，我们能更好地活出如此强烈又脆弱的生命，我们试着把这个生命抓在自己手中、全身心去体验。

心理学的挑战诚然如是：帮助我们看清什么构建了我们，理解我们的反应机制，了解促使我们思想、内心情感和日常行动得以运转的齿轮，从而安然度过在世上的日子。这是一个挑战，因为我们每个人的内心深处都充满了惧怕。我们害怕做不到，害怕不知道怎么做，害怕不够格，害怕让别人、让自己失望，害怕没有选对，害怕痛苦，害怕承诺，害怕不被爱，害怕去爱……这些并不糟糕，因为只要我们不停留在恐惧让人麻痹的网中，不淹没在痛苦的沟壑中，恐惧就能成为一种促使我们采取行动的能量。

谁可以诚恳而真实地回答这些最基本的问题：

如果我不害怕了，该怎么办？

如果我不害怕了，我是谁？

这是心理学的任务，把我们带到恐惧的另一端。在这一端，我们可以自己做出选择，单纯地接受我们的存在，让情绪成为我们的引导，找到过去的我的本质与现在的我的本质之间的联系。作为人，我们脆弱而顽强，摇摇晃晃却什么都能做。正是脆弱性建构了我们的人性，把我们所有人联结在一起。

我们对心理学的需求从未像现在这么强烈，可心理学却迷失了。迷失了一点点，或者可以说很多。心理学是一门新生科学，但它衰老得太快。经过精神分析初期多产的尝试之后，它就不再前进了。它停留在过时的概念和操作中，即使新的理念出现了，也没有得到全面的应用。治疗精神疾病的药物从未如此严重地被滥用，而在此敞开的缺口中，被打了折扣的心理学自诩可以解决一切问题，乘虚而入；自称为心理治疗师的人吹嘘着他们的疗法是消除一切病痛的灵丹妙药。我们今天有超过五百种所谓的“疗法”或伪疗法，其中大部分既没有科学根基也不存在概念的理论化过程。教练（coach）所占的位置也令人惊奇：减肥教练，培训领导力的教练，教养孩童的教练，成功人生的教练……甚至连穿衣打扮、找房子都有教练——近来在房产中介，经纪人都不再叫房产经纪人，而被称为教练；总之，教练无所不能。成为教练，是转换职业跑道的人的首选。所有人都在互相帮助，或尝试着去帮助；这很高尚，但这是不是所有人的期待呢？通常教练提供的服务很难归类、模糊不清：有骗子，也有拥有天赋却没有真正获得从业资格的人。所有人都想既快速又有效地“过得好”，那么就选择最新、最流行或好朋友、某些杂志推荐的方法：“他们告诉我很有效！”

这就是给现代社会的处方：承诺即刻便能获得幸福，这样的承诺虽非常有力，充满诱惑，却是虚幻的。人类是精细而复杂的存在，不可能简单化为一个处理模式，他的问题不可能在现成的答案中得到回应，因为建构我们个体存在的基础都不同，而现成的答案并未深入考虑到每个个体的差异。

心理学在当今正处于关键的阶段。它必须尽可能深入地扎根于人类的复杂性中，由科学知识和理论基础作为稳固支撑它的梁柱。它像一个监护人，带着我们展开翅膀，飞向高空。

今天，我们不能放弃人的复杂性

快节奏

一切都很快，接踵而至。我们的生活以从未有过的速度和节奏运转着。我们在一场竞赛中，一场与生活、生命的竞赛中，我们无法喘息。在这场竞赛中，我们有时是失败者。这场竞赛的界限在哪里？有什么路标让我们知道奔向何方？不断地加速让我们失去坐标，换言之，我们必须要有自己的方位，这是我们作为人的限制。宗教、家庭、传统、社会还有社群，都无法再支撑我们，我们得成为自己的向导。每一步都由自己来引导，这不容易，有时候非常艰难。我们被推入这个无边无际的时代潮流中，陶醉于“一切皆有可能”的妄想，所有的惧怕沉入了这个“皆有可能”的海洋中。自由，不是一条平静的长河，而是暗涛汹涌的河床，我们永远无法躺卧其上、停靠、喘息。

就这样，我们奔跑着，却从未清楚奔向何方，也并不真的知道为什么。

没有模型的拼图

我们需要面对生命的复杂性及挑战的多重性，这样不断升级的要求让我们的日常生活困难重重，有时甚至非常痛苦。我们追寻意义、爱、安慰，这些与个人主义相悖，因为个人主义不允许我们暂缓休息。我们感受到压力，压力还引起阵发性的疾病状态，我们的社会命名了这些状态，比如职业倦怠——这个病名已经被用滥了，而职业倦怠真正指的是由压力引起的严重疾病，压力已经成为我们人生旅途中忧伤的伴侣。压力即持续的紧张感，我们很多人时刻都能感受得到，好似我们生存的每一个脚步都取决于它一样。从生物学的角度来说，压力烙印在我们的基因程序中；从日常生活的角度来看，社会对我们的过度期待，会让我们失去指南针，压力是这个效应带来的夸张结果。而我们的指南针应该让我们回答以下这些问题：什么才是美好的人生？什么才是成功的人生？什么时候我可以说我达到了某个目标，完成了生命的使命，可以休息了？我们不知道，或者说，我们不再清楚。全新的爱情模式；全新的职业压力；甚至养育着我们的、曾被称为母亲的地球如今也变得脆弱不堪；网络的时刻连接让我们头晕目眩，没有过滤的信息肆意流传，我们时刻需要分辨好坏；我们的生活越来越进入虚拟时代，似乎所有人时时刻刻都在我们身边，可我们却越来越深地感受到存在的孤独。我们有着在场的幻觉、缺席的痛苦、意义的需求和本质的空虚，对爱的恐惧和对他人的需要，对任何事情无感和对所有一切的需要。

你啊，你在哪里？我如此需要你，你却逃离了我，为何远离了我真实的生命？我在哪里？人们说我什么都可以做，可是面对这幅巨大的拼图我是如此孤单。我当然可以成功、做成一些事，我当然可以拥有无数方法去画出自己的人生轨迹，我当然可以出名、成为众人瞩目的中心，可我真的走在我自己期待的人生道路上吗？我的道路、方向、使命真的在这里吗？这些问题很新。多少代人、多少个世纪以来，人们惯用社群、文化、教育所建立的标准和规则前进，那时是责任引导着人们向前。

这不是说以前更好。诚如米歇尔·塞尔（Michel Serres, 1930—2019，法国哲学家、作家、法兰西学院院士）[1]所说，我们现在的生活从物质、卫生、经济角度上来说容易得多。只是，幸福似乎每天都在渐行渐远，我们仿佛已经失去了让我们不误入歧途的常识。“我们都是迷失的人，”让·多麦颂（Jean d’Ormesson，1925—2017，法国著名作家，法

1 全书译者注以此呈现，不再标注。

兰西学院院士）[1]说，“我们是这广阔的人世间脱缰的游魂，这世界已经失去了边界。”所有一切都可以被创造出来，什么都可以存在，时间和空间不再有界限，距离变得无形，虚拟现实取代了普通意义下的现实，这样的趋势愈演愈烈，人类的坐标已经瓦解，人被解构了。

> 仅仅去感受，就在这里，还不错，我很好，一切都很好。在这个被保护的空间内，我存在着，我可以呼气、吸气、重振精神，重拾必要的分辨能力。

成为真正的你[2]

“成为真正的你”，这个要求包罗万象，令人晕眩。我们接受了这句格言，在毫不知情的情况下，我们几乎全都被说服了。这就是对活在现代的我们的挑战。心理学为了帮助我们达到这个目标，发展出了万千张面孔。它试图给我们提供幸福的钥匙、幸福的成分和说明书。这样的幸福被简化为有待解答的方程式、需要被打钩的选项和需要被完成的挑战。幸福成了圣杯，杯中还加入了一定剂量的压力。“我拥有获得幸福的一切条件，”很多患者在咨询的时候几乎带着罪恶感地

1 Jean d'Ormesson, *Guide des égarés*, Gallimard 2016.

2 一般认为出自尼采的言论。

说道，“可是我做不到。”无法幸福的愧疚感成为咨询的一个理由。太多这样的患者了！需要感到幸福，显然是一个高尚的理由，也是最根本的理由。但我们不要搞错了，幸福不该成为被狂热追求的对象，找出日常生活中许许多多的小确幸并有能力感受到愉悦和快乐，便是幸福了。尊重我们真实的样子、我们自己的需求，不要进行比较，不要自我评判、自我谴责，慢慢接受那些让我们成为非凡存在的平凡的不完美；分享、给予、感受与他人的联结，正是这些拼凑出我们生活中的幸福，编织出每天活着的喜悦。

> 晒幸福，尤其是在社交网络上，创造出了新型的痛苦。有些人从本来最简单的自尊低落，发展成沉溺于他人的幸福，无法从这个陷阱中脱离，以为自己的生活是一种灾难。这些症状也以其他形式展现出来：他人恐惧症、生命恐惧症、活着的羞愧、病态的拖延症……与其过着无法见光的可怜生活，还不如不要活下去。

我在做咨询时发现，不管是年轻人、成年人，还是老人，他们都常常表现出“自我的模糊”和“存在的需求”，这深深触动了我。孩子被必须成功的要求追着跑，这样的要求有时甚至毁了他们。在学校里，分数就是生命，分数必须被贴在黑板的最上方……

人啊，未知的人

是的，我们已经有很多进步；是的，我们现在比以前更了解身体构造的奥秘，许多极小的联结在微妙的平衡中构成了我们的身体。的确如此。然而，我们经常不了解最本质的东西，大多时候都不了解。我们知道了一点点身体如何运作的知识，可是我们真的知道身体为何如此运作吗？这样我们又重新回到我们所追寻的核心，那不再关乎幸福，而是关于存在本身。我们为什么存在？为什么是我们？为什么是我？如果……如果我并不存在……我的生命存在的概率趋于无穷小，我是目前这个样子，从统计概率上来看几乎为零。可是，我就在这里……直面我的生活、生命。然而，我是谁？每一次与前来咨询的人相遇，我都被这个最基本的问题深深触动。所有混乱、焦虑、困难的背后，其实都是对存在直接的追问，这是最主要的挑战，关于生命，关于成就，关于如何给自己定位，如何理解他者。我们怎么可能仅仅从生理学、本体论观点及过往经历的角度去把一个人简化成某些组成人的部分呢！我们是未知的，从自己的眼光去看如此，从他人的眼光来看如此，从科学的角度来看亦如此。我们试图利用科学了解自身，可它所带来的就是把我们分割，再重新组装起来。作为人，我们是一个精神实体，介于可见与不可见、身体与精神、肉体与心灵之间精细而神秘的混合体。我们的存在是一条悬于两端紧紧拉平的线，我们行走其上，保持平衡，希望不要掉下来、不断前进。心理学必须攻克这个至关重要的问题：即使不知道为何活着，仍然要找到如何活着的方式。

“你需要去看某人……”

我们都经常听到这样的话，或对别人这样说。几乎所有人都这样说，没有人质疑这个神秘的某人。这里说的某人，是心理医生，所以应该去看心理医生。判决已经下达了！接着下一个问题就来了，人们不安地问道：“你认识好的心理医生吗？”这就是我们的问题，让我感触很深的是这个问题背后隐藏着的不安、害怕和期待。好的心理医生，其实是能让我们安心、坚定而且能有效地帮助我们的人；是真正愿意花时间用心聆听我们的人；是按着我们的本相，按着我们能够说得出来或说不出来的，有时甚至能在文字、言语之外明白我们的疑虑、问题、需求——最深的需求的人。

就像照顾受伤的小鸟，直到它可以重新展翅飞翔为止。我们不会对它弃置不顾；不会责备它拒绝我们的照顾；不会因为照顾它需要时间而要求它等一等；不会批评它摔倒或没有坚强地站起来；我们也不会满足于在它的过往经历中寻找原因：它的小巢是不是够舒适……我们只会先教它重新展翅飞翔。只要我们照顾它的任务还没有结束，就需要一直留意这只变得脆弱的小鸟，用最有效的方法让它尽快好起来，以减少它的痛苦，帮助它更快地重新飞翔。这才是好的心理医生，这才是我们所需要的心理学。

我们听到很多关于心理医生和心理学的言论，这些言论或多或少让我们有些受伤，即使这些伤痕被隐藏在最深处或已经陈旧不堪：我是不是疯了？我真的需要心理医生或心理治疗吗？我会不会进入无法脱离的越来越糟糕的旋涡？他会不会逼我吃药？他真的会理解我吗？看心理医生的过程到底是怎么样的呢？要去看哪一类型的心理医生？精神科医生、心理医生、治疗师……适合我的表姐、邻居、妈妈的这个医生，还是共用格子间的同事一再强调救了他性命的那位医生？……

别人觉得我应该去度假、换工作；为什么不换丈夫或妻子，或不带孩子去过二人世界，他会说："看吧，只有这些才是真正有用的……"

好吧，那么我到底去不去呢？说到底，我真的需要去见这个所谓的"某人"吗？

在哪里或怎么才能找到一个好的心理医生？有一天，一个青少年在咨询的时候跟我说："每个人都在找心理医生。"心理学无所不在，只是找到为此而生的心理医生并不容易。

"我看了那么多的心理医生，却一点效果也没有……”很多患者换了一个又一个心理医生，咨询了一次又一次，他们是真心需要帮助，却越来越痛苦。那个让他们去敲心理医生咨询室的门的疾病仍然还在，而且还加上了其他复杂的因素，他们觉得并未获得预期的帮助，自己不是一个好病人，因为医生辞职了而觉得被抛弃……当然，也有一些人会说他们的心理医生救了他们；这样一概而论过于夸张，确实有些了不起的心理医生像坚定的骑士一般投入自己的工作，精神科医生的工作量大，工作难度又高，也不在上面所描述的心理医生行列里。只是……

家庭通常是重灾区，其中包括出问题的孩子，尤其是在学业上有困难的孩子。对于这样的孩子，心理医生的工作循环通常是这样的：先做一个评估，再来一个评估，专科医生的诊断，另一个诊断；新的假设，再推荐给另外一个医生，开始不知道第几次的咨询，把前面看诊的结论全都推翻了，又采取完全不同的治疗方式……同时，孩子正在长大，陷入这种痛苦的循环，就像多米诺骨牌效应一样，一切都坍塌了，孩子从此失去立足点，痛苦不堪。在学业上有困难的孩子，总是因为做不到、无法成功而非常痛苦，即使他自吹自擂——他越是自吹自擂，越说明他很痛苦。困难越累积越大，也越来越难处理；困难沉积越多，补救、重塑或其他干预措施就越难以有成效，也更难以彻底解决问题，进而去恢复孩子最初的能力。而父母则已经在这个战斗的过程中筋疲力尽，只是这场战斗从未有任何信号标志，几乎没被协调过，有时他们还“锦上添花”地被认定得为孩子诊断出来的病症负责。著名的“母亲的错”在21世纪的今天，仍然是法国正统心理学领域重复出现的词句，真令人担忧……孩子出现问题时，包括在学校的问题，确实急需处理，因为孩子的成长过程没有第二次。

对父母来说，孩子的失败让他们必须面对自己的无能感：是我无法给孩子成功的机会，我是个坏家长。这是我们的社会创造出的思维模式，非常令人痛苦，父母常常因此在咨询中崩溃。

心理学必须保持动态，就像生命一样

离开精神分析的控制

精神分析曾有非常了不起的时代直觉。精神分析认为我们的潜意识中有许多齿轮、机制和在婴孩时期就形成了的、影响我们目前生活的程序，这些思想铺平了当代心理学的道路。弗洛伊德——现代心理学的精神导师，在19世纪一本正经的维也纳那样的时代文化背景下，编织出自己的一门科学，而他内心深处的剧场却不能承认其中的观点。这当然有点令人局促不安，所以弗洛伊德耐心地建立起他自己所谓的“心理器具的构思”，在这里，性即利比多，几乎占据了舞台的全部。欲望、冲动、阉割变得很复杂。这些从希腊神话中借用而来的名字，对于今天的我们而言是如此熟悉：我们都躲不过俄狄浦斯和纳西索斯，他们的心理问题盘旋在我们心灵的沟壑中，那里压抑着我们的性创伤和未满足的利比多。压抑让我们遗忘，但在日常生活中、无意识的情况下、十分寻常的口误中或我们深层的痛苦中，我们会突然回想起来。精神分析说服我们相信——现在的一切都是过去造成的，可以通过字句、言语、动词等在温柔的往昔岁月中探索，从而把我们从童年被困的陷阱中释放出来。

精神分析就是以这种方式控制了好几代心理医生和患者，使他们浸淫其中。今天，精神分析主要是在法国，此外精神分析在阿根廷仍被列为大学教学的主要科目。

给我画出一个心理医生的模样

闭上眼睛，在我们的脑海中，一个心理医生应该是上了点年纪的，通常有络腮胡子——“爸爸”弗洛伊德的形象还未远离我们，他让患者躺在铺有老旧天鹅绒的长沙发上，他站在患者的后面，为了让患者思想更自由地浮现而摆出“和善的中立”的姿态。整个咨询室非常沉闷，因光线被厚重的窗帘挡住而显得昏暗——如果可以的话，窗帘还得是天鹅绒做的……整个咨询过程可以完全沉默，也没有人在意时间的流逝，心理咨询工作有自己的节奏……

这些画面充满我们的想象，我们把这些想象的画面硬套在所有心理治疗上。

所以，当我们说到心理医生的时候，怎么可能想象一位笑容可掬、热情接待患者的年轻女心理医生呢？或者一位和善的男医生，深情地把手放在我们的肩膀上，对我们说：“我在这里，我会帮助您，可以吗？”心理医生向我们提问，帮助我们回答自己提出的问题，跟我们一起为了所经历的事件感到惊讶，反思我们生活的实际情况；他向我们承认他也不总是全明白，但他会一直不停地去寻找答案，直到能够帮助我们为止；他坦诚地接受坐在他面前的这个人超越自己知道的理论，比自己能够理解的复杂人性更加有智慧；他在咨询中融入以下观念，这个观念对他来说是显而易见的：我们远比我们所能表现出来的要丰富得多，我们的内心领域远比我们所能知道的要宽广很多。我们可以想象这样的心理医生吗？一个充满了人文关怀的心理医生。

“心理医生怎么想？”

谁没问过自己这个问题呢？只是行业的规则要求他们保持缄默，心理医生接受的教导要求他们保持中立，这就让我们在需要热情和他人在场的时刻感受到的只是冷若冰霜。要知道，连弗洛伊德也没有建立这些规则，他自己都跟患者进行讨论、交流，而且这些患者有的还是他的朋友和家人……

“你的心理医生怎么想？”这个问题隐藏着令人震惊的事实：有自己的心理医生很入流，尤其是在艺术圈、文化界和知识分子中间。伍迪·艾伦就是推广这个观念的人，他让咨询室的长沙发成为“必须去的地方”。精神分析被一些人如此美化真令人惊讶！这些人自己的状态并未好转，却吹嘘自己很多年都在长沙发上接受精神分析的治疗，仿佛是什么了不起的功勋；连电视上都这么演，这是个必经过程！

当精神分析进入坊间的伪心理学

大家都借用精神分析的字词和概念，却不记得它们来自哪里。专有名词的使用没有被规范！我们经常听到每个人都有自己的精神官能症。有的人是自恋人格，有的人歇斯底里。“这人是神经病”，这样的句子在新一代的青少年中非常流行。我们需要试着逃离这些畸形概念的操控，尤其当我们穿上这些自恋的畸形外衣，常常以为自己什么都明白了。我们宣称某人把情感投射在我们身上，我们承认或多或少都有毁灭性的冲动[1]……精神分析在我们的生活中无孔不入，我们把它跟其他所有东西混合在一起，一谈到心理学就一定会提到精神分析，精神分析甚至成了法国的文化财富。很多时候我们并未意识到这一点，所以在这个我们习惯的领域之外思考心理学迫在眉睫，我们需要反思那些已经成为过去式的心理学词汇、症状和治疗方式。

从求知、尖锐的思想到冰冷的教条

继弗洛伊德之后，精神分析蓬勃发展。借由这个新生的思想，很多人提出多种论述、理论、概念来建造这座宏伟的建筑。最初的思想充满了希望，但人们在建造理论化系统的过程中，把精神分析变成了教条。精神分析成为心理学思想的宝地——一种纯粹、对自己十分有把握的思想。这没什么不好……只是，鉴于当前这个时代的需要和当下的要求，精神分析是否已经过时了？我们是否还能追溯或求助于从未经过验证的理论来帮助我们过如今变得如此复杂的生活，来减轻我们的心理症状呢？这些症状与精神分析理论所描述的症状不再一

1 杨·穆瓦，Yann Moix，法国著名作家、导演。在他的电视专栏节目《夜未眠》（“On n' est pas couché”）中讲到这是大家共通的一点（于2018年5月26日播放）。

样，如今我们需要站立在研究人类生命的多种学科的交叉点上使用多向度的方法来描述它们。

是的，当有人真正聆听我们时，倾诉让人觉得舒服；是的，发现隐藏的伤口让我们得到自由。但这些真的可以让我们离开伤痛、惧怕、孤独、隔绝的感受吗？足以满足我们真正活着的迫切需求吗？我们极其需要成为能够自己做出选择、完成人生使命、充满喜悦的存在。可是当我们觉得混乱时，当精神上的病症使我们失去能力时，当疾病阻碍了我们前行的道路时，当精神分析模型对我们不再有效时，我们都很清楚，我们需要有效的护理减轻痛苦，需要重新看到生活向我们敞开大门——通往我们自己生命的大门。

精神分析开启了我们，我们应该也必须记得心理学需要与时俱进，所以我们需要突破精神分析的思想疆界。心理学应该是有深度的心理学，那是灵魂的深度。

心理学，前进！

科学，尤其是神经科学，前进的脚步令人叹为观止，我们甚至可以用十分震惊来形容。这样的进步开辟了充满希望的新路径，让我们理解引导着我们生活、著名的“黑匣子”里发生的事。

今天我们能更好地理解我们的心理、思想、情感和行为的奥秘——当然肯定不如将来多，潜意识里那些被科学证实的秘密也开始展露在我们面前。我们需要往前走了，整合这些内容，投身于其中。我们不能停留在伟大的单一思想中，我们必须认识到往前走是改变思想和精神面貌的唯一途径。我们需要消化20世纪的心理学新思潮提出的理论，并对今天出现的一切敞开怀抱。安德烈·马尔罗（André Malraux，1901—1976，法国著名作家、文化人，曾任法国文化部部长）曾直觉到会发生这种情况："二十一世纪将是讲究灵性的时代，或不是。"[1]现在心理学的发展似乎验证了这句话，这与宗教无关，绝对无关，但指出了人的每个部分都不可分割，人是一个精雕细琢的混合体，一个超越身体、心脏、头脑，不能撇开任何一部分去谈论的整体。我们不是某些区块组成的，所有都是我们，我们就是任何一部分。神圣的整体！

当我们需要帮助，当我们对自己产生疑惑，当我们需要被指明前路，当我们进入选择的时刻，当痛苦敲击我们的内心，当我们的头脑充满疑问，当我们的身体承受病痛，当我们头痛欲裂，心理学应该就是这位伟大的女士——她有一点庄重，总是那么善良，敞开双臂，聪明智慧潜藏于内心。这样的心理学为了理解，为了减轻痛苦，为了让人前进，必须拥抱能够吸收的所有一切。

1 虽然这句话或许不是马尔罗的原话，但经常被引用，确实总结了他的言论的核心思想。

几波心理学潮流

其他方法、其他理解角度都让我们的心理学世界呈现丰富的景观，人们把很多疗法概念化，有些发展得很好的疗法，包括格式塔疗法、人本主义和存在主义疗法、系统疗法、催眠……还有一些接受度很高且十分有效的疗法，其中包括认知行为疗法，该疗法最受欢迎；但这些疗法主要在英语国家占主导地位，在这些国家，人们认为精神分析仅是人类思想史上一个富有成效的阶段性成果。

心理学新思潮诞生于20世纪中叶，首先建基于对行为的观察。我们记得巴甫洛夫和他的狗，他是后来的“操作性条件反射”的鼻祖。受此影响，先行为后认知的疗法在心理学思潮中长期占据中心位置，人们认为通过找到和分析长期以来深刻在内心的功能障碍，就可以改变思想、情绪和行为。美国三人组斯金纳（Burrhus Frederic Skinner）、贝克（Aaron Temkin Beck）和艾利斯（Albert Ellis）[1]是更务实的心理学的

1　行为认知疗法主要建立在三个核心人物的研究之上。第一个就是伯尔赫斯・弗雷德里克・斯金纳，他从1953年开始就把操作性条件反射当作他的研究中心，他证明了我们活在不断重复、后天获得的行为的影响之下。接着在1950年至1960年之间，精神科医生阿隆・贝克对抑郁症感兴趣，思想和认知成为他关注的焦点，“贝克抑郁量表”（Beck Depression Inventory）到如今还在被使用。对于贝克而言，思想触发情绪，有些思想“模式”是引起心理和/或精神疾病的起源，找到并调整有功能障碍的思想可以重建平衡。阿尔伯特・艾利斯补充了他们的理论，他认为心理问题反映了一个人因为错误的信念，思考或解读世界的方式出现了功能障碍。这些疗法加在一起，用认知行为疗法（TCC）来命名，是我们现代心理学最扎实、最全面的流派之一，虽然现代心理学已经够古老了……

先驱，他们最先做出了突破，改变了我们对心理学的看法和实践方式。

近二十年来，心理学在经历了行为疗法和认知行为疗法的潮流之后，进入了第三波潮流。这波潮流带来一些确凿的理论，建议我们跟随情绪和思想而动，却不要试图去改变它们。这就是接受与承诺疗法：我按着我的本相生活，我可以观察它，我不再是精神和情绪喧闹的玩具，我活在自由的空间里。我意识得到什么驱动我，用我自己的价值观投身于生活中。关键点是什么？连接于现在。

> 我停止阅读，这一刻我闭上眼睛，重新感受在我里面发生的一切；仿佛在做内心的天气预报，我的内心在此刻发生了什么？我的思想、情绪、身体感受的状态是什么？就在那里，就在此刻。

这个著名的正念冥想方式让我们意识到在潜意识中悄然进行的事。不是为了分析、改变，不是为了反抗那些不适合我们的，也不是为了在孤独的白日梦中徘徊，而是为了更投入我们的生活，更开放，更活在当下。重新发现真实的自我，发现自己最隐秘的需求和对意义的追求；做自己的生命的主人，不再像过客一般，仿佛自动编程的机器。冥想是一种解放自我的方式。毫无疑问正是由于这些原因，它很快就流行起来了。我到自己，重新找回自己，学会爱自己，向自己开放以至于对别人更开放，感受到每个人都是超越我们、连接我们的大整体的一部分。说到底，在我们的内心深处，在我们的秘密中，我们都有同样的故事，那是生命的故事；除了这些，其余部分都是集体包装或个人包装，这些包装扭曲了我们，有时甚至让我们感到窒息。这就是全部的真相，意涵丰富。第三波潮流非常强大，充满动力和活力，带来了许多更活泼、介入性更强的治疗方法，如接纳与承诺疗法。

我想我们正走在这条新路的起点上，心理学必须专心抓住这股实践力量，把它们当作所有治疗形式的决定性因素。冥想——活泼、去宗教化的冥想，即使本身不是一种治疗方式，但拥有心理学不容错过的力量。这力量可以让我们找到自我的本质，给我们打开通向自由的大门；这力量本来就属于我们，那是维持生命所必需的力量。

不能再有教堂之争

犹太基督教文化仍悄然影响着我们

对我来说，教堂就是小型罗马式建筑，朴素而优雅；钟楼祥和地矗立着，里面安置着一座青铜钟。周围是乡村的风景，或许还有被放牧的羊群，平静极了。一座教堂就像平和的避风港，提示我们该暂停一下，教堂是信仰可以上达天庭、天堂之上的地方。一个被保留的地方、神圣的地方、值得被尊重的地方，一个分享爱和充满爱的地方……

但在心理学家的世界里，教堂相当于碉堡，是设置了障碍物的地方，没有向外开放的出口，没有“芝麻开门”的暗号也无法进入。如果有人想靠近就会招致蔑视：不，您不可以，您不配进来，您还没有被祝圣过。在旁边的教堂里——因为教堂越来越多，也充满同样的气氛：自我封闭、拒绝，是个不对外开放的俱乐部。但正如在所有其他宗教场所一样，有些教堂比较热情、开放、慷慨，有时也在寻找迷失的人群。这场关于教堂的争论非常不值得，心理学不应当介入其中！

打开通往人性的大门

这种排斥在我看来与我们的职业、使命背道而驰。没有一种理论、一种方法、一种临床实践或治疗方案可以排斥其他方式而标榜自己的优越性和专有权。我们不可以用帝国主义的心态来谈论正在饱尝痛苦的人类。缓解人类的痛苦应该是我们要一起获得的最高利益，我们不该强迫成年人或孩子接受一系列的理论、假设、诊断，并以此来推翻之前同侪的意见或专业人士的看法，却忘了我们追求的终极目标是预防疾病、帮助患者、缓解痛苦、护理有需要的人。

有些心理医生首先在意的只是捍卫自己的社群，有些更糟糕，只是建立他们自我的教堂；我们如何能接受这样的心理医生呢？

在治疗的中心，患者不得不无助地参与到这个愚蠢、失序的行列之中，那些人被叫来他的“床边”，却并未达成一致，也没有交流……谁能听见患者的心声：还有我呢！我呢？我该怎么办？

父母们，出去！

又是一个谬论！父母，超级独家新闻的源头通常是……父母！首先是被孩子的痛苦波及的人，又是把孩子在不同成长阶段、生命经历和疾病之间的故事融会贯通的人。可是，哎呀，心理医生的世界多么奇怪！竟然要求父母留在咨询室的门外。父母首先被当作“嫌疑犯”，是他们导致了目前的状况，绝对是！还有他们也会对情况发表自己的看法，幸好如此！“这是我和您的孩子之间的事。”“是的，可是我跟您说两三件之前发生的事，还有在来这里之前其他心理医生说的，会让治疗更简单，不是吗？”“最好让我跟您的孩子单独对话。”接着就不再和父母对话了，这样做受损的是谁？当然是孩子，就算我们很看重孩子！谁是罪魁祸首？让人难以理解的是，心理医生坚定地相信只有独立于现实之外，他才能开展工作。他们是对父母合理的担忧漠不关心，还是不敢承认自己的无能为力，或是不管其他专业人士的意见如何，他非常肯定自己最有理？这合理吗？可以被接受吗？

我觉得这副姿态非常暴力，对父母、孩子，尤其是我们的职业都不够尊重。

可是集体智慧躲藏在哪儿？

人类非常复杂，问题很多，有时很难找到痊愈的道路，我们很容易去理解、总结、推断出我们必须运用集体智慧的力量。每个人、所有人都在为患者服务，让他脱离痛苦和困难。我们的承诺就是要帮助他。

从业者之间围绕着患者进行沟通和有效的合作，这必须成为绝对、不可避免、势在必行的规则，这样就能整合各方位的治疗，一起来建构治疗的前景——不管这前景如何。

我们所处的这个时代，在任何领域内人们都宣扬和推广跨界、合作的好处，我们也确实可以看见跨学科带来的好处。那么，科学领域里面的一个人文学科，迄今为止最复杂的学科，竟可以拒绝这个原则吗？

团队治疗、患者转接、合作、支持、协调工作——智能的协调，这些概念真的极具意义，心理学领域就是所有学科中最能够恰到好处地实现这些工作的地方，为了所有人的好处，集体智慧在这里应该有压倒性的优势。

心理学必须注重效果，不可再忽视有效性了

生命的时代来临了

心理学不可以再忽视它所处的时代了，没有任何时刻，心理的实际情况可以与个体所处的生命季节脱节。我们不能也无法假装在咨询时间之外发生的事无关紧要；我们不能再因为动听的托词而安心，认为心理咨询的时间性要优先于现实世界中的时间流逝，这是弗洛伊德浪漫主义的想法，在他的时代，这样的想法唤起了人们对“心理工作”的重视，这有其必要性，但这样的观点受到其自身的时空限制。

今天的时代有自己迫切的需要、新的规则、新的背景装饰。

时间就是在出生和死亡之间、短暂的程序化了的空间。我们生命的剧场，上演着我们的故事，我们都是演员。在心理学领域，我们不能忽略当下迫切的需要、期限，以及患者在现实生活中的挑战，也不能弱化痛苦，忽略所遇到的困难带来的失能，更不能丝毫不去关心这个时代人们对活得更好、更健康的迫切需求。

同时……

在时代变化的同时，心理学还在假装，假装自己这门学科并不一定需要结果、证据和验证，假装相信或让人相信真正重要的是所谓的心理工作。而心理工作需要时间，什么时间呢?

> 父母们询问新接手的心理医生他们的孩子现在情况怎么样，这非常合理，“颇有进展”是他们经常听到的答复。孩子从七岁进入小学开始进行心理治疗，现在很快就要上初中了，当然有进展，但是，往什么方向前进？去哪里？什么时候抵达？“这不是问题的重点。”心理医生专横地回答道。

心理学是人文科学的一部分（法国人文科学的分类相对于自然科学而言），既然是“人文的”，就是说它关乎人类，说明很大程度上注重人文关怀，那么就不应该偏离结果。只是，心理学仍然远离“评估”这个概念核心。像心理学这样的学科，没有任何证据说明它不应该更加密切地关注患者、治疗结果和疗法的有效性。每个人都必须清楚心理学具体能够给他带来什么，每个人都必须看见改变，每个人都应该明白发生了什么，每个人都应该知道意图、目标和期待的改善是什么。

精神分析的高卢村或法式例外

所有人都很清楚精神分析坚决抵制任何入侵，而且法国的治疗领域清晰地分成两大阵营：一个阵营由广义的精神分析学家集结而成，但他们内部也不是非常团结；另一个阵营就是更科学、更实用的心理学支持者，他们通常以科学研究和进步为治疗的基础。

两大阵营之间的战争有时非常激烈。尽管这样或那样的治疗方案已经被研究证实有效，其出版物在数量上和质量上都占有绝对优势，精神分析阵营所在的小村庄仍然坚决捍卫它的神奇药水。神奇药水？是的，他们说能够治疗，但拒绝做出证明，要量化分析效果？多可怕！这根本不可预期，甚至与精神分析的本质相违背！在这里我要提醒一下，这是精神分析的高傲姿态，不是心理学的姿态，是精神分析拒绝侵入自己的巢穴的所有形式。

回归自己的生命之流

经历了二十年的精神分析之后离开，就有点像囚犯打开监狱的大门，这座牢房里关着他生命中不断变化的一整段时期。

经历了二十年的精神分析，对自己说：我好多了（最好的情况下！），这样我就能认为时间、真正的时间并没有流逝。

可是时间过去了，一切都过去了……很有可能我们在生命中某个时刻存在的惧怕在过程中已经发生了转变……二十年的时间，足以让我们改变、发展、变老，不管有没有进行精神分析都是这样。我们不得不改变、发展。我们理解、学习、内化了其他东西，时间并没有在沉闷的咨询室门口停滞……最后的，并非不是最重要的，世界也改变了。20世纪90年代流行的垫肩外套不能再让你自如地融入社会；你也不能再用诺基亚1000拨打电话；若不连接网络，你就会被时代抛弃；在《二十分钟日报》（*20 Minutes*，在法国、西班牙和瑞士免费派送的新闻日报）开始派送之前，所有人都已知道最新新闻，从最没有用的琐碎信息到最大的灾难，因为网络早已沙沙作响，以毫秒为时间单位发送给每个人可以捕获的声音和影像……

我们要提防这种把患者关在冻结的时间内的做法，这让他与现实、与实际活着的需要隔离开来。现在，不是将来，不是在……之后。在什么之后呢？将患者从他的处境、挑战中抽离出来，让他停留在某个心理时间点是非常危险的，而这个心理时间如果没有顾及现在，没有融入来来去去的生命流动——甚至是我们细胞的律动，就根本不可能存在。

我不禁想起虚拟游戏《第二人生》，在这款游戏中，玩家可以有一个平行生命，游戏中也讨论我们真实的现实生活。许多人都知道这个陷阱，尤其是青少年的父母们，孩子们贴在屏幕前面，现实外的生活有时看起来比日常生活更令人兴奋，在这个虚拟世界中，我们可以成为英雄。

终于有可能进行评估了

除了精神分析一直在抗拒——“抗拒”这个词太适合精神分析了，其他许多治疗方法，包括那些被认为是“官方”的疗法，都大量采用评估。协议通过了验证，纳入定义明确的标准，进行清晰的症状编录和索引，这样对于疾病自然而然就有结论了。例如，今天我们知道认知行为疗法对抑郁症或恐惧症非常有效，快速眼动法（EMDR）能让知道受过什么创伤的患者以最快的速度痊愈；我们也知道结合认知行为疗法和药物治疗能最有效地缓解注意力缺陷多动症，治疗该症单靠药物或认知行为疗法是不够的，无论如何，研究是这么证实的。自闭症是全生理机制拥护者和全心理动力学支持者之间争议最大的病症，但自闭症是一种必须治愈的疾病还是只是特殊性格的表现形式？他们只是需要我们的特别陪伴，给他们最大的机会去适应我们如此复杂的社会，并活出最好的状态。

我不会从不同角度描述可能的建议，来试图在这个广泛的领域里加入一些合理的解释或解决方案。研究大量、翻倍地增加，这很好。即使我们必须很谨慎，也永远不要忘记地图不是疆土本身；而且如果症状得到改善，也不要冷落其他可能被影响的人格部分；我们总是要考虑到作为整体的人，考虑到他的内心世界和所有隐藏的角落，考虑到他的实际生活和所有要面对的挑战，全都要整合在一起。病症也是一个整体的要素，治疗的目的是将人作为一个整体中的个体，帮助他重新走上生命的道路，作为人的整体获得整体的生命。

心理护理问题是公共卫生领域最大的挑战，未来，心理疾病将会成为全世界第二大导致人们丧失工作能力的原因[1]……

要有效，绝对需要

如果所有心理医生都能团结起来，勇敢地坦诚相待，进行自我反省，那么就会掀起一场革命！

如果不是坚持停留在自留地、善妒的方块草地上，而是在一种方法与另一种方法之间、在临床与研究之间、在医学和心灵之间、在一些人的智慧和另一些人的实用主义之间、在神经科学和意识科学之间、在认知和情感之间架起一座座桥梁，患者们必然会成为受益者，我们所在的职业领域也会不断扩张。

观察、分析、确认：什么让谁舒服，为什么，以及在这个

1 世界卫生组织，《全球健康报告》（*Rapport sur la santé dans le monde*），2001 年。

方法中什么有效。放弃无效的理论或操作。结合、连接、组织那些被证实有效的方法。理解到底什么行得通，如何普及行得通的部分。

让我们给每个人一个清晰的表格，写明谁做什么，以及为什么；承认失败不是患者的错，而是我们的责任。面对人类不断增长、持续蔓延的痛苦，这份责任是巨大的。我们必须“负起责任”，就按着这几个字的字面意思，用我们全部的力量、所有的能力，尽可能地去减轻患者的负担，分担加在患者生命中的重量，甚至卸下这些负重。这是我们再也无法避免的公共卫生领域的挑战。

去看心理医生？这句话引起的焦虑多大呀，只要我们不知道找到的心理医生是谁，就很难分辨好坏，就更容易担心看心理医生实际的用处。真的有用吗？言语之中暗暗弥漫着的是愧疚感：如果对别人有用，那为什么我做不到？

新心理学来了！

在2001年，5%的法国人咨询过心理医生，2017年，这个数字达到了31%。三个法国人中就有一个咨询过心理医生[1]。这些人分布在各个社会阶层中，跟我们的想象恰恰相反。心理学必须适应这种指数性增长的需求。以前，心理学的主要目标是治疗精神疾病，而今天的心理学需要回应、陪伴的是大多数抱怨的面孔对“活着的痛苦”和更深层的“活得更好”的需求。

心理学已经承接的使命，就是预防疾病，减轻痛苦，帮助、治疗和陪伴患者，为了完成使命，心理学需要新的气息、新的生命、新的动力。心理学必须进行自我重塑。

提到新心理学，并不是提出新的思想潮流、新的理论、新

1　数据来源于法国YouGov研究所用定额抽样法在2017年6月14日至6月15日之间对年满十八周岁或大于十八周岁具有代表性的人口的调查研究。

的概念基础；而是运用具有建设性、积极主动、活泼、合时宜的动能来实践心理学。

新心理学从过去已有的研究中获得灵感，汲取现有的资源，整合将来可能有的，采取非常投入的态度；新心理学连于现实、深入现实；关心对他人产生影响的一切，以及社会上发生的事。这是一门动态的学科，从不停止改变、修正、重塑自己。

新心理学只能更有弹性、更柔软、更智慧。更智慧，是因为它向所有东西都开放，但同时保持清醒。

新心理学采取何种姿态当然非常关键。在理论和实践上接受过扎实训练的心理医生、心理治疗师能够非常清晰地意识到人类的复杂性，因此大大敞开心门，开阔自己的眼光，接受他人的复杂性和独特性。我们是独特的，但也是整体复数的一部分；是单一的，但也是多面的。我们所经历的、所想的、促使我们行动的、感动我们的、伤害我们的、让我们幸福的、把我们跟他人和生命连接在一起的一切，仿佛巨大、宏伟并用柔韧结实的丝线织成的蜘蛛网，更精确地说，这是一张把我们每个人编织在一起的网。这个网是我们的身份，我们的身份只能通过这些内在的特质显露出来。我们总是得考虑到整体，同时又不可以忽略有些部分可以被调整、改写、重新描画。

新心理学的信念根基是假设过去确实建立了我们身份的基

础，但为了生存下去，必须超越这个身份，心理学不应该只是追着困难跑，而应该改变焦点，专注于我们所有已有的潜能——有时这是最重要的，也是我们经常忘记的。新心理学认为只有整全、调整过的方法和实践方式才能带来所期待的帮助；心理医生无条件、完全地投入是绝对必须的，这会彻底而深入地改变心理医生的工作方式；新心理学必须坚持并维系“看重结果的耕耘”，同时对建造这个职业的基础进行反思：给予真正的帮助，这份帮助绝对可以进行客体化。做我们能做的一切，做我们能做得最好的一切，做到最极致。

心理学是一个职业，崇高的职业

翻箱倒柜

心理学的通俗化，带来的是本质和身份的迷失。心理学不能与个人发展混为一谈，虽然它与后者的意图有相近的地方；也不能混杂在其他提供很多心理服务的丛林中，但这些场域经常是心理学出没的地方，心理学应该聚集、整合、澄清所有其他分支能带来的一切。

分析今天心理学服务市场中供应的“直接消费品”，也是心理学的任务。这样做的目的不是看低某些东西，而是抓住时代对心理学成为“大宗”的要求。就像婴孩从一开始的蹒跚学步、牙牙学语；进入青春期的躁动——从任何一个角度来看都是生命的一部分，这正是这个时代的需求，我们有许多自恃全能的治疗方法；接着来到了“大教堂时期”，一个坚强、尊贵、强壮的时期，极尽所能地荫庇尽量多的人，这就是心理学在新千年应该进入的时代。但同时，它要忠于自己的艺术的要求，这才是成熟的心理学。

心理学的核心

极有可能这就是挑战：一个适应我们时代的心理学，从本质上却不会跟着各种思潮随波逐流；这是一种可以向四处扩散的心理学，它的治疗方式值得被借鉴，并用以做任何事情。我们所经历、所想、所爱、所感受、所做及做成的一切，心理学是居于核心的反应器，我们无法舍弃它。

心理学是一门基础学科，是严肃、艰苦、高要求、高难度的职业。它以知识、能力、实践操作为基石，从业者必须获得大学或国家文凭；是一门经由研究、科学工作和考察认证的学科。只有在经过了长期的研究之后，我们才可以在已有的基础上即兴发挥，即兴发挥不是说有就有的艺术。

在法国，成为心理治疗师需要认证，这是国家对这个行业的保护，只有受过扎实培训的人才能持证上岗；但有很多人打擦边球，逃过了认证和培训，轻易地打开这扇镶嵌金边的门，例如治疗师、心理从业师、教练——各种各样的名称……都没有经过国家的认证，他们却能进行治疗、陪伴，使用一些治疗方法，这些方法有时连我们都不清楚是他们自己的发明还是他们经过扎实的训练所学到的合理的方法。心理学领域的风景一片混乱，这对于那些需要帮助的人来说充满了荆棘。

经常有患者在咨询的时候略感抱歉地说，他看过能量师和拥抱治疗师，治疗师带他们进行森林疗法[1]，让他们夫妻和孩子都感到极其舒服。是的，我非常同意这一点，我总是回答他们不需要道歉，我完全支持那些让他们感到放松的方法。这也是心理学的实践应该拥有的能力，承认我们不知道或不理解的东西不一定是该指责的，或是不好的。不要拒绝，保持谦逊。关于这个世界可见的、不可见的部分，我们要学习、要理解的还非常多。所有跟心理学有关的、我们触摸不到的部分，我们都需要学习。生命仍然是个巨大的奥秘！

但心理学仍然应该居于核心的位置，居于人类的中心。应该由心理学进行调配，我们应该完全信赖它，同时不要忽略那些能够丰富、拓展心理学的治疗方法。“治愈者”这个词也可以为心理学所用，就是治愈心灵的人。治愈不意味着一切都结

1 跟树木进行接触的疗法，在日本也称为“森林浴”。

束了，而是所有一切现在都可以重新开始了。

> 阿斯特利德是我的一个女性朋友，她是个治疗师，学过运动机能学以及其他一些能量治疗的技巧。她接待饱受病痛折磨的人，不管是成年人还是孩子都接待。她说，她治疗他们受到的情感创伤，重建身体和大脑之间的平衡。如她所说的，这对有些人帮助很大，他们好多了。我们有一个共同的患者安托万，他病得很重。他有精神疾病，经历的事情令他非常痛苦。我打电话给阿斯特利德交流意见，跟她解释了这个让人关注的青少年的病，她听不懂我说的词语以及这个病症的临床表现，也不明白安托万得这个病后特殊的地方。阿斯特利德没有受过任何心理学和心理疾病学的教育，就用非常通俗的词来说明这个疾病，而她所用的词与这个病并不是一回事。这有时是非常危险的。

直面人类的痛苦，仍是个疯狂的挑战。因为痛苦可以深入骨髓，而且痛苦对每个人来说都是独特的，虽然总有那么一点点相似，可并不会完全相同。我们需要扎实的学习，获得实打实的技能，拥有坚强的个性，不惧怕孤独，不担心被同侪团体排挤……所有心理学家，每天都在面对这样的挑战。

可传递的心理学

我发现，心理学乃至整个心理学领域都停留在“知道”中。我们今天知道了什么使我们的身体、精神、心灵运作起来，我们学了很多关于我们行为、态度、情绪的齿轮的精妙转动的知识；我们应该离开咨询室，传播这些信息，普及、传递、分享心理学能够给日常生活带来的实际好处，让心理学介入“人们真实的生活中”。

这对我来说是新心理学的任务之一。当我们知道了、明白了、理解了为什么人们这样或那样做，什么是情绪，把情绪转化为持久情感的方式，我们改变或一直重复某种行为的机制（尽管这样重复非常痛苦），超越别人的眼光或摆脱恼人的拖延症的突破点是什么，让我们心里产生力量并拥有再次开始的勇气的组成部分……活着就容易很多。而心理学知道所有这些问题的答案，让每个人拥有关键的知识非常重要，但有一个，且只有一个前提：简化信息却不要成为简化主义者。这两者之间有一条界线，必要的心理学普及或尽量接近核心内容，不应该让我们偏向天平的另一端而成为业余心理学爱好者。

认知神经科学就是个有趣的例子，认知神经科学是一门关于大脑的科学，让学校的教学变得丰富，带来多方面的好处。或者情感神经科学，它让我们理解幼儿情感层面的发展，帮助我们更好地做父母。

但是要小心，不要混淆了传递和命令这两个概念，不要让科学成为世界的主宰，仿佛是科学让我们成为一个好父母、好老师、好的管理者、好的伴侣……我们本来想给身边的人带来良好的感觉，结果却因此变成不会变通的人……不要把“义务”变成别的东西，不要让它变得在形式上更吸引人，实际上却简化了它的核心内容。

要避免把心理学的“大卖场”延伸成必须获得幸福的地方，或掉入另一头的陷阱。因为我现在拥有了获得幸福的所有工具，所以必须露出高兴的表情，我的生活就必须是幸福的，这个想法非常伤人。有时我们甚至因为感受不到幸福而觉得愧疚……这真的不是心理学的意图。

心理学，在知识与技巧之间

第一次会面，进入无限的他者的门

第一次咨询。利拉的父母瘫坐在我对面的沙发上，没过几分钟就泪流满面。他们整理情绪后，为着情绪失控而道歉，再次开口说话，仿佛憋了好大一口气，一开口就语无伦次，我不得不揣摩其中的意思。他们非常需要表达自己的失望、无能为力和内疚的感受："我们试遍了所有的方法，做了一切能够做的，现在完全受不了了……"他们七岁的女儿利拉只要有点生气就大喊大叫、躺在地上打滚，而所有书上都说她已经超过了这样做的年纪，而且，不管怎样，"任性"这件事根本不存在。只要猫咪不在身边，她就拒绝吃东西；只要她想，她可以有各种理由就那么停在路上不走了，或者就是无理取闹，没有什么能让她继续前进。她带着自己的"宝宝"——她的安抚玩具——去学校，可是小学三年级的老师不再接受学生这么做。还有，她受不了她的弟弟，总是对他推推搡搡。

当然，根据《精神障碍诊断与统计手册》中所写的，这个孩子应该有对立性违抗障碍，我参照此标准至少减少了父母的内疚感。这样，第一扇门就向我敞开了，可以开始大致勾勒一下接下来能做的事情。在第一次咨询时我们特别确定了几件重要的事：让利拉的父母放心，告诉他们利拉的问题的主要责任不在于他们，我很理解他们因此身心疲惫，这很正常，他们也已经尽可能地去做了他们能做的，只是目前的问题超出了他们的能力范围，他们很坚强，一直没有放弃抗争，对于曾经做过的尝试，他们应该感到骄傲……

就在咨询的现场，我也让这对父母看见他们的女儿会做的一切，包括拼复杂的拼图，在窄小的房间里不会把东西丢得到处都是，自己安安静静地找些能做的事，大人在旁边忙的时候她也不会吵闹。利拉知道一些重要的事正在发生，我经常转过头看她，我看她不是一个令人无法忍受的孩子，而是一个迷失的孩子，我从内心深处尊重她。我朝她微笑，她感受到我的真诚，我觉得她感到安心。我也跟她父母谈到他们所感受到的对孩子的爱，不管现实情况怎么样，目前就是这样，但他们仍然爱孩子。我建议他们就在这里，跟我在一起，一起感受、连接于这份无条件的爱，从孩子还未出生他们就如此渴望这个孩子，这份如此疯狂的爱。我们一起做这个练习，闭上眼睛几分钟，深入内心的感受。父母感受到这份超越一切的爱，并重新连接于这份爱，眼中含着泪水。我也是。我跟他们一起经历了这个时刻，明白在他们身体里发生的事，从我自己身体里体会到他们的感受，我们的身体和谐共鸣。利拉瞪大眼睛看着我们，停下了手中的事，此时，她真正与我们在一起了。我抱着她坐在我的大腿上，继续跟家长说话，让他们感受到被支持、被陪伴。

把患者抱在大腿上符合职业道德伦理吗？符合。这次的咨询一开始大家都在很大的压力下，这样做可以让所有相关的人、事、物更好地前进。我跟他们一同前行，也跟这个害怕的女孩子在一起。她害怕自己做得不够好，害怕父母失望，害怕做不到——当然她只是不明白要如何做。

我跟父母说到了这些，现在轮到利拉看着我了，她从未听到别人这样说关于她的事。通常，大人们让她好好反省，责骂她，让她安静闭嘴，不要做这个或那个。她看过很多医生，包括学校的心理医生，学校的老师们甚至跟她一起开过会，他们总是抱怨她的行为，从幼儿园开始就没停止过；她经常被单独叫到校长办公室或跟父母一起去见校长，这样至少不下十次……利拉不知道人们还可以给她别的评价，还可以明白她行为背后真正的原因。我也不知道真正的原因是什么，当然不知道。但我建议父母和利拉稍微转换一下眼光，用别的方式来思考眼下的情形及他们三个人之间的关系。这是心理治疗的原则：改变我们对情况、对感受的已有的诠释。

第一次咨询绝对不可以只是病史回顾，虽然这是经常发生的情况。病史回顾是一个专有名词，常常有被动的意思，指的是搜集患者过去遇到的困难，了解曾经发生过的事。我们当然要了解病史，但第一次咨询首先应该具有治疗效果，我们必须迈出开始改变、改善和理解所发生的事的第一步，有时这是关键性的一步。

在所谓的病史回顾中，为什么仅仅只是描述疾病的起始呢？患者讲述以前发生过什么，这是很精彩的时刻，这时过往显得很珍贵，因为过去能让我们找到定位，让每个人知道能够做什么。所有那些大大小小的胜利啊，总是有的。所有的优点、值得骄傲的事和拥有的能力，这些是我们每个人都有的潜能，可是我们经常不知道如何利用。

不再用行为障碍的角度看待利拉，而是跟她一起挖掘她的潜能，一再对父母强调女儿的优点，强调能够让他们感到骄傲的事情，由此我们开启了新的视角。他们的女儿不是怪物，他们作为父母也不是无能为力，可他们却感到自己一无是处，不是合格的父母。利拉的情绪危机发作时会说："看吧，你们跟我一样什么也做不到！"——这只会让他们更加深信自己早已被说服的那一套。

从第一次咨询开始，我们决定应该使用正面强调的实践方式，即瓶子方法[1]。这个方法的原则是通过列出利拉能够做到的事情的清单，让她为了自己能够做好感到惊讶，也让利拉和她的父母都感到舒服一些，重新找回彼此。进入已经确诊的对立性违抗障碍

1 请参考YouTube（油管）上的解释：https://www.youtube.com/watch?v=p4Hjg9ACM-0。

患者的世界，第一步至关重要；我们知道今天发生的事，就可以评估结果，那是明天的收获。我们不能去看一个心理医生，却不知道结果是什么。反抗行为只不过是表面的泡沫，是对利拉来说有用的方式。可以确定的是我们不能也不应该让任何来咨询的人带着疑问离开，尤其不应该不考虑到所有人所承受的真实的痛苦。父母被安抚了，也已经开始用新的眼光看待孩子。利拉比刚来时安静了不少，离开时还友善地牵起了妈妈的手。我亲了亲她，为了她对我的信任，也为了一起度过的时光，我向她表示感谢。此前我跟她讨论了很多，问了她很多问题，有些问题还很难，她尽她所能地做出了最好的回答。在整个咨询过程中，她这么安静，我也表扬了她，因为我知道对她来说这需要很大的努力。

你们肯定注意到了“亲了亲”，亲一个小女孩比握手更有感情、更自然，更容易表达对孩子的陪伴、共情和对她的关心。亲亲她，我可以传递这么多信息，这些信息不仅传递给了她，也传递给了她的父母，很多父母会因这样的亲密度而感到吃惊，这在心理学的世界里并不那么常见。我也会亲比较大一些的青少年、年轻人，我需要“感受到”我的患者。信息素可以教给我们很多东西，“亲吻”在希伯来文中的意思是“与他人一同呼吸”……亲吻我的年轻患者，可以在他们大脑中释放一些催产素，情感神经科学是这样被证实的。不这么做就可惜了！我也用你来称呼他们，拉近彼此间的距离在我看来是关系中必要的元素，今天我们知道这样真诚的关系影响健康（不仅仅是心理健康），让我们拥有平静的心情。

> 我对利拉的父母说，他们可以信任我，我会帮助他们，我们会一起找到解决的思路和方法。我回答他们的疑问，给他们建议。保持中立？决不！心理医生应该全然投入，这样的投入可能是通过回答、建议表达出来，而不只是禁止和目标，那些教练或我们自己的朋友才这样建议。心理医生明白生命有多复杂，患者在面对自己的疾病时经常感到孤单而需要具体的建议，所以好的心理医生会如此投入地给患者回复和建议。

转变中的心理医生?

我认为今天的心理医生不能成为沉默的屏幕，我们必须接受这一点，承担风险并离开自己的舒适区。心理医生被迫接受这样的框架：不可以也不应该介入行动，不可以也不应该让人看出他的主观性并介入患者的生活。可是今天，面对所有患者，即使是有严重精神病的患者，仍然强迫心理医生躲避在科学的屏障后面并保持着情感的距离，这不会让患者有安全感，而他就是为此而来的。安全感是面对世界最基本、必不可少的情感需求，那么在我们这个给予他人帮助、减轻他人痛苦、帮助他人改变的行业领域，能够让患者感受到安全感就是最重要的事了。

我也建议利拉的父母打电话给以前遇到过的儿童精神科医生、学校的老师、校长等人，让他们之间建立能够真正帮助、支持利拉的关系，没错，在这些人之间。在照顾孩子的事上，为了让孩子和家庭都能切实得到帮助，我们是一个团队，我们必须成为活跃的合作者。即使面对成年人，我们也应该参考他身边的亲人的意见，让他们介入他的治疗中。这就是另外一个话题了，但同样是个实际的话题。成年人的心理医生需要跟儿童心理医生学很多事……

利拉和她的父母迈开轻松的脚步离开了，他们每个人都认定所面对的不是一场无止境的战争，若是无止境的战争，结局一定就是每个人都很不幸；他们有非常强大的心理机制，这一机制已经被启动、被解码，心理治疗也有很多有效的方法，只要医患双方真正地竭尽全力，积极主动地让事情运转起来，并综合考虑到孩子成长的迫切性和家庭需要安宁生活的紧急性——家庭成员需要重新拾回爱的权利和义务！

利拉和她的父母再次来见我时，眼里闪着亮光，他们告诉我每天瓶子中都会多一些彩色小珠子。虽然不是所有的问题都被解决了，但一切都跟以前不同了。只有一次咨询，仅仅是因为心理学真诚地完成了它的使命。几次咨询之后，所有人的脸上都露出了笑容：老师喜欢上这个淘气而聪明、不讲规矩的小女孩，不再认为她是班上的小怪物，而是承认自己面对她很困难；校长的脸上也有了笑容，主动提出这个学校继续接收她……

这不是一个探索、方法，或向你们展示我们该做的是什么，而是一个简单、谦逊的建议：如果，我们心理医生做一些改变呢；如果，我们这些受过专业训练的人，愿意成为投入的人，为了更好地握住患者的手而成为伸出手的人，成为带领他们坚定地走一条新路的人；如果，我们简简单单地接受我们就是需要彼此，人类如此复杂，我们绝不可以认为只有我们拥有解决问题的钥匙；如果，我们接受父母来寻求帮助，他们所需要的帮助也让我们面对自己的脆弱性、人性、惧怕，而我们所有人，真的是所有人的身体和心灵，都需要通过托付给我们的事而被训练——不管是字面意义还是比喻意义下的训练。训练他们，给他们打开一条新路，通往更好的明天，只要他们还未真正拥有面对未知和生命所必需的自主能力，我们就跟他们一起，陪伴他们，给予他们最基本的安全感，就像父母陪伴、养育、教育孩子，为什么不呢？父母就算面对障碍，为了确保孩子拥有美好的明天，直到最后都仍然是孩子不可或缺、全身心投入的监护人。父母会说："所有一切都是为了他们的幸福！"如果，我们这些心理医生在心里也有坚定的信念：一切都是为了患者的幸福！获得幸福的工具箱有点儿像宜家家具，在宜家家具店里，我们看到的是完美的成品，可到了家之后，面对那么多需要搭起来的零件，保证是一场噩梦。提供可以消费的幸福有时非常吸引人，让人灵光乍现，给人想法，但心理学必须重新找回自己的位置，当人们来寻求帮助的时候，心理医生总需要非常有效率。这就是心理学的挑战。

窥见人性的职业

心理医生是个新奇的职业，每年吸引越来越多的大学生选择这个专业。2017年大学入学季，最热门并且需要增设上千个名额的专业，就是心理学。心理学非常吸引人，这是好消息，这个职业对于我们今天的社会越来越重要，也越来越有意义。这个世界需要清晰的洞察，人性角度的启示，而心理医生的职业正融合了这些。

矛盾的是，当你们开始在大学校园里学习心理学，所有人都会提醒你：小心毕业后找不到工作啊！高中生甚至就已经在职业规划的咨询师那里听到不要选择这个没有前途的专业，但那却是年轻人中意的专业。一边是大量的需求，另一边又是无法提供很多就业机会的困境。这该如何解释呢？

在大学里的专业学习，内容非常密集，学生需要深入了解心理学的历史、大量的理论、思想的起源、从婴儿到老年人的情感和认知发展的阶段、大脑的神经生理学、认知科学，以及科学研究的分析方法……心理学专业的学生上很多关于障碍、缺陷、紊乱、病理的理论课和实践课；还需要学习如何观察症状、诊断、提出假设等；需要了解如何使用心理学整套工具。这些工具囊括了许多测试的评估，也让人更深地明白每个人的心理机制，只有心理医生才有能力进行这些测试。

直到这里，一切都还不错。

但怎样“做”一个心理医生？这个困难的职业让我们每天都面对自己的极限和疑惑，如何进行如此充满人文关怀、实践性强的专业训练？什么是“好的”职业行为规则？什么该做什么不该做？怎样的职业道德伦理规范既能融入现下的时代需求，又能画出行为道德的框架？所有这些，在大学的专业教育里都没有提到，或说得非常模糊、晦涩。这个职业如此复杂的行规从未真正地被解释清楚并传递下去，每个学生就在自己所选的课程中、自己读到的书籍中、教学的老师那里、大学选择的心理咨询室和实习中自创一套规则……职业规则最重要的部分，竟由他自己的个性来决定，其中包括他如何规划职业。

我从心底相信学习是这个职业的一部分，我们需要一次次调整教育的脚步，以适应今天、明天的心理学需求。这样的心理学需要带来治疗的效果，敞开双臂、敞开心扉，关爱坐在心理学从业者对面的他人。

> 抱着孩子坐在膝盖上，跟他说再见的时候亲亲他；跟他的祖父母对话；咨询时见他的兄弟姐妹；打电话给老师；参考家庭医生的意见，对人们的实际生活感兴趣，给予他们建议或看法；跟患者的配偶对话；在患者咨询的时候同时有其兄弟姐妹在旁边；热情地对待患者，对他微笑甚至大笑，跟他开玩笑，在咨询以外的时间跟他见面；成为自己的朋友或家里某个成员的心理医生……

允许吗？不允许吗？为什么不允许？为什么不呢？心理医生的群体对这些心理治疗的日常操作中的问题思考得很少，太少了。我们或许可以在《职业道德规范》中找到这一点或那一点的说明，但这些说明真的根据今天的心理学进行调整了吗？现在的心理学平台非常宽阔，心理学不能再把自己缩减成不再适合自己的原则。

我见到十六岁的加斯帕尔，他是高中生，不知道活着该做些什么，他对什么都不感兴趣，除了亲爱的电子游戏。他的父母如何？他说完全无法忍受他们。他们什么都不明白："我妈妈从不放过我，她总是大喊大叫，对什么事都是这样。"然后我见了他的弟弟雨果，雨果在学校也有学习上的困难，很大的困难。雨果说到自己的父母时跟加斯帕尔的描述完全不同。真令人惊讶！他眼中的父母很温柔，出问题的时候总在他身边，对他充满了爱。然后我见了他们的父母，又是另一副样子，既不是加斯帕尔描述中的男人和女人，也不是雨果口中的样子。见了他们的父母之后，我明白了为什么他们每个人的行为对其他人来说这么难以忍受。我经常非常吃惊，有时也觉得有趣，一个人眼中的父母、另一个人眼中的父母跟真正的父母本身，以及我眼中的父母，是多么不同，这样的扭曲当然是正常的。为什么不从不同的角度去看呢？这样只会让咨询变得更丰富，也不会改变任何事情，何必让个体之间密不透风、完全没有任何联系呢？职业伦理要求我们这样做，其实只有保密原则才是少数在职业道德伦理中被解释清楚的原则之一。在咨询过程中，我也常常叫加斯帕尔的妈妈参与进来，做妈妈的普遍都很焦虑，她的这种焦虑状态也让她活得很痛苦。我去了解她的孩子们，在好几次咨询过程中见加斯帕尔的弟弟，与她的丈夫见面，这些都让我们的整个进展非常快。

职业道德伦理，可以，但必须是好的

心理咨询行业充满了自相矛盾、未达成一致的原则，有些人认为这样，有些人拒绝那样，这些原则要么借用精神分析的名义，要么被一小群心理医生拥护。这里再次出现一个问题：心理学、从事心理学行业相关工作的方式必须最接近我们所知、所理解和现代科学告诉我们的关于人类、他人的需求的知识，而这些需求说到底可能是普遍、跨文化、无时间性的，以及我们没有被满足的需求。当然不是做什么都可以，而是专注于心理学的智能，有良知的心理学智能。谁能参与这些研究，让这个行业充满令人难以置信的可能性呢？为什么不呢，让心理学智能作为新的职业道德伦理？智能的拉丁文词根 *inter legere* 从词源学上来定义是建立连接的意思。是的，我相信新心理学的职业道德伦理要走的就是这条因地制宜的道路，正如智利神经生理学家、哲学家弗朗西斯科·瓦雷拉（Francisco Varela）所建议的，这样的职业道德伦理规范会考虑每个个体所处的特殊情况；与康德提倡的职业义务不同，职业义务是不管个人情况如何都必须遵守的绝对原则。或者，我们可以用加拿大哲学家查尔斯·泰勒（Charles Taylor）的话来说："道德伦理，不仅是做什么好，而是成为什么样的人。"[1]

经过检验的心理学

举个例子，既然我们已经知道把手放在另一个人的肩膀上二十秒之后，这个人的大脑中会释放催产素，催产素是能够让人平静下来的激素，那么为什么不在我们的患者离开咨询室时自发地做这个动作，而是严肃地握手呢？

既然我们已经知道——今天很多研究都证明了——微笑有传染性，这是因为镜像神经元让我们的大脑与他人产生神经连接，那为什么不多多对着患者微笑，让他产生平静的感觉呢？即使平静的感觉是暂时的，但至少可以让他充满迷雾的脑袋照进一线阳光。

既然我们已经知道真实、热情、真诚的关系是让我们幸福和健康的关键，许多长期的研究都证明了这一点，那为什么不一开始就跟患者建立这样的关系呢？那著名的中立原则——真是够"友善"的，把它抛之脑后吧！

今天，我们知道了许多过去不曾知道的事，关于所有一切，这些足够了。

---

1 Christophe André, Alexandre Jollien, Matthieu Ricard, *Trois amis en quête de sagesse,* L'Iconoclaste/Allary éditions, 2016.

为什么我们作为心理医生不讨论这些，用这些进步的知识来服务我们的患者，应用符合我们这个时代的新心理学呢？

为什么不在我们的咨询室里应用大脑科学、情感神经科学和社会神经科学每一天都在教导我们的东西呢？为什么要假装知道，实际上却经常用着我们接受教育时装进脑袋、现在已经过时的想法和信念呢？

带着谦逊的态度

我们是无知的。虽然我们受过教育，但我们什么都不知道，几乎什么都不知道。因为书本里的一切跟现实差距甚远，也跟人类的复杂性相去甚远。关于唯一性和独特性，我们没有学过；如何与一个心灵、一段故事、一个生命相遇，我们没有听过；没什么可以让我们做好准备去面对痛苦；也没什么训练教会我们如何运用自己的身体、心灵和智慧去帮助另一个人，去理解、安慰他。

接受自己的无能为力，是心理学的力量之一

在这个如此强盛、不可思议的行业里，我们必须保持谦逊，由心而发的谦逊。是的，非同一般的疯狂，这个词还用轻

了。在这个行业里，我们与他人如此靠近，却并非真正拥有减轻痛苦的钥匙。我们离他们非常非常近，你们明白吗?

我们需要接受这种脆弱性，尤其是在一天中的某个时刻，当我们觉得对于对方的痛苦无能为力时，而且这样的时刻比预期的要多得多。但如果我们清楚无能为力就是人的一部分，并将其当作让我们接近对方人性的一种途径，对方也好，我们自己也好，我们都是人，那么情况就没那么严重了，接受脆弱性甚至会成为我们可以依赖的、有效的治疗途径。

文森跟我谈到自杀，这不仅仅是个想法，他有具体的计划。我能感受到其中的区别，有些人经常谈到自杀的想法，但想死和活不下去之间还是有区别的。文森谈到死亡时的口气，给人感觉仿佛自杀是生命的一种选择，他自己生命中的唯一选择。我怎么能说服他这不是一个“好”的选择呢？我又能如何理性地用活下去的“好”理由去说服他呢？我从头到脚都在颤抖，这是一个非常严肃而沉重的时刻。在我的知识、能力和所受的训练中，我无法找到一个理由来拯救我。又怎么可能救得了他！可就在这里，这个时刻，害怕的人是我，不是他。我感到害怕，是因为我感受到文森的性命就握在我手中，他的生命正在我的指缝间滑走。我握不住任何东西。我感到害怕，正是因为我知道也感受得到他会付诸行动。我们已经见过好几次面，他非常绝望、厌世，同时头脑清晰。他已经把情况分析得清清楚楚。我们一起试图找到一条出路，找回希望。无果。文森三十岁了，在职场上看起来很成功，他有一个相爱的女朋友。我也见过他的母亲，她每天都因为接到儿子想自杀的电话而颤抖不止……她的儿子，她眼中的小男孩、宝贝，她用那么多的爱养育他，如今他不想活下去，这令她淹没在愧疚感中。我尽我所能地让她感到安心，这不是她的错，她不必为此负责，这是属于她儿子的生命，他自己建造起来的生命。他的生命包括了他今天的样子，他过去孩子时的模样和他成年后的样子。这是他的选择，他的个性，他的独特性。我见了好几次这位母亲，这是**她的**儿子，也是**我的**患者。我们两人息息相关，当然，我们的角色不同。她很害怕，我也是。我跟文森说我很害怕，我无法让他品尝到活下去的滋味。他感谢我为他所做的一切，我的投入、我抓住他不放手的决心。但……最后他死了。我重新见到他的妈妈，她是来感谢我的，这让我非常不知所措。她说我在陪伴文森的过程中如此投入，让她没那么痛苦。然而，我作为陪伴文森的第一线人员，在我的内心弯弯绕绕中怎么可能不被这人性的悲剧影响？真的有可能与文森保持情感、情绪上的距离吗？每次见他的时候，如何能够感受到并接受如此巨大的脆弱性，他的脆弱，我的脆弱？只有保持谦逊、谦逊、谦逊，这可能是这个行业唯一的、无法避开的道德伦理。此处当然我也强调，我们确实做出了抑郁症的诊断，文森一直在吃药，已经吃了很长一段时间，还有两三次在病情严重的时候住院了。他甚至接受过震动疗法（电击），还接受过多种心理治疗。任何一种可以使用的治疗方法都尝试过，但没有什么能够治愈他。存在的痛苦，是致命的疾病。

我在写下这个病例时，眼泪在眼眶里打转。我很爱他，但这不够。我尝试了所有的方法，最终还是失败了。他不热爱生命，我救不了他，我必须接受这一点，接受不代表放任。我接受在文森的生命故事里的悲伤，也很清楚还会遇到“生命走到尽头”的患者——今天的年轻人很喜欢用这个句子，有时事实就是这样，但我希望下一次我能够让患者活下去……但也有可能仍然不行。心理医生是一份充满风险的职业，失败、做错、直面现实的风险，还有必须接受死亡的风险。谦卑地接受。我尽力做能做的，真的尽力了，所有能做的一切，剩下的部分交给生命本身。活着、死去，比一切都强大，比我们更强大。

心理医生的惧怕是一个渠道

成为心理医生，就是接受自己也会感到害怕。惧怕，就是意识到我们可能无法理解遇到的患者，处理这个病例有困难。接受这样的惧怕是我们职业的组成部分；接受惧怕让我们总是走在前进的道路上，而不是停留在僵化的理论中并付出一切代价让我们的患者进入这个理论框架中。这样的惧怕让我们保持精力，寻找一切潜能、力量、勇气、欲望、动机去超越，在自己或他人的内心深处探索、再探索，找出那条释放患者的秘密出路。

我害怕，但这是我的工作的一部分；不然，为了避免这个让人困扰的情绪，我可能会假装相信虽然自己已经理解了，却无法真的帮助你。我甚至会坚持自己的诊断、规程、治疗方法，试图说服你。把我理解你的方式强加在你身上，决定你所需要的：我知道你需要这个，因为我是专业的。不接受作为心理医生的惧怕，就是表现出无所不能，虽然暂时可以让患者安心，但是无法真正让患者得到需要的帮助和治疗。

我只有接受了我的惧怕，才可以温柔地对待你。

奥雷莉听着我说话，豆大的泪珠从眼眶里流出来。我们一起做了一整组的测试，这时正在评估她的心理状况，包括她的智能、个性、情绪动力。我感到

> 她的内心深处正在翻江倒海，但她自己也还不知道那是什么。我停下来不再说话，因为评估结果已经让我们更好地了解了她的状况，能说的我都说了。奥雷莉结结巴巴地说："这是我第一次觉得心理医生口中的人，是我自己。通常都是我接受他们的建议，可是他们所描述的并不是我自己。"

我经常对患者说：在治疗的事上，他们自己才是专家，任何专业人士，不管是谁都不是专家。如果心理医生提到的心理机制跟患者所经历的并不相符，通常是心理医生错了，患者的判断反而是对的……患者了解这一点非常重要，父母带着生病的孩子看了一个又一个心理医生，有一天当他们发现心理医生口中所说的孩子与自己孩子的情况相符，顿时松了一口气。就是这样，松了一口气，仿佛在这些错综复杂的诊断和解释之间，他们弄丢了自己的孩子。他们的孩子，他们了解的孩子，即使孩子有心理障碍，他们仍然认得他。也终于可以接受，心理医生口中描述的就是他们的孩子，从此刻开始，我们才有可能开始描画将来的进展。

360度无死角

一个患者，首先是一个人，神圣而无限的人。拥有无尽的复杂性、多面性；充满奥秘的人。人一直在前进，每一天、每一个新的经历都让他与昨日稍有不同，给予明日不同的样子。你们知道这一点，我们也知道！可是有时心理医生会忘记，或者说，他们只能通过理论而无法用其他方式看待自己的患者。因为这样更安全，给人以精通某些事的感觉，尽管这与现实相去甚远。成为心理医生，意味着总是需要考虑到对面那位患者的多样性，他是唯一的，也是与众不同的；成为心理医生，意味着需要尽可能激发自己多样化的能力和知识，为个体量身定做、手工缝制一件高级时装。心理学需要的是技巧、才能和创造性；而不是批量生产的成衣或消费品。离开自己唯一的理论框架，融入另外一个、两个、无数个理论框架，给患者一个充满可能性的平台。不是用杂乱无章的方式，而总是强调这个患者在这个时刻的独特性，就在这里，就是现在。

每个人都有自己的独特性

在这个行业中首先最明显的一点，就是每个患者的独特性，这一点从不应该被质疑。所以，只是整合获得或习得的能力，做表面功夫或使用这些能力，是远远不够的。因为所有这些都需要与患者的独特性相结合，与人类的特性相磨合，并为每个前来咨询的个体指出一条特别的道路。

实际上，心理学从业者需要融合三个角度：心理及心理学相关范围内涉及的知识所带来的强大技能；理解当今社会——患者就在这个世界中发展变化；以及患者个体的独特性。这就要求我们必须在独特性和多元性、个体性和集体性之间找到平衡点。

用这样的逻辑去看患者的心理状态，意味着当知识能力成为我们认识他人的障碍时，就不要使用。理论的普适性会让人忽视个体的独特性，这就是理论的陷阱；脱离普适性，进入个体性是从业者能够为患者开拓一条出路的必要条件。

若认为这样做没有任何风险，就是一种幻觉。直面坐在自己对面那个独特的个体，我们经常需要离开自己的知识领域，也就是我们的舒适圈。应用这样的治疗策略，需要胆量、需要敢于冒险。确定这样做吗？不，从来都是不确定的，真的从来都不确定。但这不足以阻碍我们尝试、实验、前行。

在心理学方面拥有天赋和才能，就是保持创造力、弹性和开放性。时刻意识到患者在这个世界中不断变化，意识到现实的存在并正视现实的偶然性，意识到考虑不同因素的必要性，意识到我们必须时刻吸收、融合、消化数据的千变万化，意识到我们的能力，不管是多么稳定的能力，总是可以被质疑的。

前进吧！

根基一

新心理学不把人简化为过去的存在

La nouvelle psychologie
ne réduit pas l'individu à son passé

我们必须放弃对过去更美好的寄望。
——欧文 · 亚隆（Irvin Yalom）

我们的过去，我们起飞的基地

从宏伟的历史到独特的过去

人类的文明是许多个世纪战争与和平、发现与征服、转化与革命的延绵。当然，我们都很清楚这一点。我们的文化、社会、政治、经济、社会学、生物学等，都随着历史的前进留下印记。创造论、达尔文的进化论、大爆炸理论，被广泛地讨论、检视，它们奠定了人类文明的基础。如果没有过去，今天就不会存在。这是不言而喻、显而易见的。

这是生命的历史，是我们每个人的故事。过去建造了我们，是我们的根，印刻在我们的生命中，让我们成为家中的一部分，我们属于更大、既独特又相互关联的家谱的一个分支。

我们的任务是什么？开枝散叶。

心理学的动能也如是。从过去汲取营养，以更好地发展、长大。依靠各种不断变化、彼此参考或彼此反对的不同思想潮流而变得丰富，这些思想潮流正是孕育出新视角的土壤。

过去对我们今天生命的影响

大脑研究的巨大进步催生了一门全新的学科，即情感与社会神经科学。[1]这门研究情绪和情感发展的科学告诉我们早期经历在大脑中留下印记。长久以来，我们已知道这一点，但现在，多亏了大脑成像技术，我们可以像读一本图画书那样去观察这些印记。这本书，就是记录了我们童年的图画书。

借此，我们可以从大脑脑回的褶皱中看出情感的影响。我们的童年时期、婴儿时期、生命的最初几天、在子宫里的最初时刻所经历的，在情感上给我们留下深刻印象的事件，都可以在复杂的大脑图中展现出来，正如身体上的瘀青一样，我们也可以看到心灵受过伤害的瘀青……

现在我们知道大脑情感区域从生命一开始就发挥作用了，这个区域是大脑最古老的部分。尤其是杏仁核——大脑的一个

---

1 Catherine Gueguen, *Pour une enfance heureuse. Repenser l'éducation à la lumière des dernières découvertes sur le cerveau*, Robert Laffont, 2014.

小区域，其功能是解码情绪，尤其是“恐惧”这个情绪，从出生一开始就可以完全发挥作用。在婴儿最初的生命中，它对每种情绪刺激都做出强烈的反应，情绪时时刻刻都在启动。我们现在也知道了杏仁核与海马回、下脑丘之间的关系，我们过去所经历的都编码在这些隐蔽的区域里，经历很长的年月我们仍记录并记忆着这些事件。情绪记忆是最强大的，但我们并不清楚婴儿是否具备调节情绪流的能力。

大脑的前额叶皮层大概位于额头后面，是高级认知功能所在的区域，让我们进行思考、观察、分析、合理化……这块对于情感神经科学如此重要的区域，几乎可以说是最受关注的，在婴孩出生时却是完全不成熟的，孩子在五岁之后这个区域才真正开始发展。在这之前，头脑里就是狂风暴雨……没什么能够缓和成千上万的情绪流穿过脑袋。婴幼儿完全无法保护自己，有时情绪的冲击那么大，以至于我们可以称之为情绪暴力。所以如果在婴幼儿时代遭受过我们所谓的教育虐待或在亲密关系中受过情感创伤，对成年后的影响可能是非常严重的。大脑还未发育成熟的孩子，无法过滤任何事情，他们接受一切。所以在他们的内心深处那么无助，没有任何东西可以减轻这样强烈的感受，这样我们还可以说孩子在任性而为吗？对一个孩子来说，当一切超出他的限度时，就会表现出来极大的焦虑和悲伤，只有他所依赖的环境——只有环境才能安慰他，对此他自己却无法意识到。他没有其他任何途径。

“有什么好哭的！”孩子哭的时候，被激怒的一些成年人常常这样说。孩子哭的时候，可能我们不知道为什么，那么是否该由我们去想想到底发生了什么并去解决问题？要是我们简简单单对孩子们说：“我看到你哭了，虽然我不知道具体发生了什么事，但我理解有些事情不太对劲。我可以做什么帮助你呢？我在这里，你可以依靠我……”或者以任何其他形式的言语跟孩子表明我们也是一样，无法清晰地知道是什么东西让他难过，但我们非常在意他的情绪。不，这并不会让他更加觉得自己可以为所欲为、野蛮任性。不，这不会让他成为世界的中心，也不意味着不给他一个规范的框架。跟这些都无关，只是让孩子在大脑还不具备情绪控制的能力时，面对强烈情绪做他能做的，管理他能够管理的；这样做并不意味着我们不知道在那个当下事情并没有那么严重。作为成年人，我们的责任是帮助他成长，同时让他因我们充满爱、尊重、亲切的在场而感到被保护，有安全感，很平静；让他感受到我们接受他激烈而喧闹的情绪表现，只是他无法自我控制的结果。科学也证明了这一点。

一切都由……二十五岁以前决定！

有点类似于那本让好几代母亲充满愧疚感的危险的书，书中宣称：“一切都由六岁之前决定。”如果你家里的书架上恰巧藏有这样一本书，请把它烧掉，谢谢！围着这把火快乐地跳舞吧，让它回到本不该出来的混沌之处！

神经科学把这个时针往前推了推，认为至少还要再多二十年，大脑的发育才得以完成。

> 您拒绝家里处于青春期的孩子在考试前一天跟朋友出去玩，他怒不可遏？他在半夜里不戴帽子直接消失……在雨中？暴怒的青少年用力地关上房门，并在里面大声尖叫？当然您完全不理解为什么。您试图提醒他抽烟真的不是一个好主意，在每个聚会上不停地喝酒对身体不好，他就大喊大叫？
>
> 神经科学回答说：这很正常，因为他的大脑前额叶皮层还没发育好。要等他过了二十五岁生日之后，我们最终才能像跟“一个大人”那样跟他对话。青春期并非我们以前所想象的那样——稍稍有点耐心，就会过去的。

过去印刻在我们的生命中，并刻下记号。从这个角度去看待过去非常重要，因为神经科学在证实婴幼儿时期对人生具有决定意义的同时，也给了我们脱离那个时期的钥匙。这些钥匙改变了一切！是的，童年时期或轻或重的情绪混乱和成年后的情绪障碍确实存在着联系；是的，过去的经历有时确实给现在带来实际的困难：暴力、侵略性、缺乏共情、情感依赖、慢性抑郁、缺乏自信……这些困难都可以是儿时情绪虐待的残留后果；是的，过去在我们的生命中、心中和大脑中都起着举足轻重的作用。

我应该写：可能起着举足轻重的作用……或不会有这样的作用。

我深深尊重那些在童年时期受到严重伤害的心灵，同时也带着深沉的盼望：一切皆可改变。我们的大脑可塑性很强，没有什么像印刻在大理石上那样永不褪色，也没有什么是永远无法改变的。我们有一生的日子来改变我们的脑循环回路，尽管回路的印记是如此深刻在脑中。这一点，我们永远不应该忘记。

催产素，我的爱

催产素是一种令人难以置信的激素，它给我们带来太多好处了：让我们感到安全，坚定地连接于他人，深深地相信自己是被爱的。这个备受喜爱的催产素是我们在生命初期建立自己秘密的安全感领域、自信、对他人的信任感时所必需的。

当我们缺少催产素时，就会像缺少供我们呼吸的氧气一样。我们感到窒息，错误的脑回路深入神经网络的褶皱中，甚至出现在我们的细胞核中。恐惧占了上风，侵袭我们的生命，有时甚至停留在我们的生命中不离开。这时，我们会害怕不被爱，感受不到爱，害怕爱，害怕他人，害怕自己，害怕生命；同时皮质醇，即压力激素大占上风，它们全副武装地占领了催产素被赶走后空出来的位置。皮质醇是一种非常强大的激素，可以渗透进我们生命能量所在的任何空隙，直到让我们耗竭，彻底失去勇气，偏离自己的轨道；最重要的是，它让我们感到非常痛苦。

这里就是真正的关键所在，就是在这里，我们必须脱离“过去决定了一切”的信念；童年经历确实在我们的生命中留下印记，但我们有改变的方法。

情感神经科学既向我们说明了最糟的情况，也向我们宣布了最好的情况。这就是情感神经科学的光明面。

粗暴、缺爱、缺席的父母从未善待我们吗？我们曾遭受严重的情绪伤害，我们经历过生命中的痛苦、极致的痛苦甚至到无法忍受的地步吗？我们需要被支持、被理解、被听见。我们被治愈的第一阶段就是：我们曾遭受痛苦，我们需要被安慰，但最重要的是我们需要有效的帮助。一再重复强调过去的不幸并不会改变过去，我们能做的就是用另外的方式看待现在。

过去的定义就是……已经过去了。写下“过去”这个词，看起来是多么讽刺啊！让人惊讶的是，我们很快就会忘记自己已经说过过去的事了。我们没有重启键，不能回到过去，也不能重新来过。我们只能告诉自己，就算真的那么深刻，我们也决定好了不再给过去的这些扰乱以特权去占据重要的位置，以至于我们的生命陷入完全的黑暗。不管过去的重量如何，我们都可以重新洗牌，重新看待它。

缺少催产素吗？有些已经被科学证实的方法可以修复受损的大脑：

—— 老师，家庭成员（父母不算），深深接纳我们并按着我们的本相爱我们、类似于精神领袖一样的成年人，还有一些专业人士，他们认为我们现在的样子就很完美，接受我们就是我们；他们用无条件的爱的眼光注视我们。这是真正的注视，所有一切都被照亮了：神经元改变路径，重新建立连接，重新发出命令再次分泌催产素，慢慢地，一切都会被修复。这就是大脑可塑性的魔法，随时都可以被重塑。

—— 只希望我们好的人真诚、鼓励的拥抱。科学证明肢体接触可以促使大脑分泌出我们如此需要的催产素。此外，我们所有人都注意到了我们很容易跟正在经历苦难的人握手；向那些正在承受看得见的痛苦的人敞开双臂；简单地把手放在我们在意的那个人的肩膀上，并深情地对他说：“我在这里，别担心，你可以依靠我……”一个简单的姿势，传递的信息远远超越了在场和同情，更是有效减轻疼痛的药物。人们的日常智慧教会了我们这一点，也被当前的神经科学证实了：这些态度、姿势、行为能直接影响我们的安抚对象的新陈代谢。而我们自动触发分泌的催产素说明了收缩的大脑可以逐渐被恢复，并变得更强壮。过去不再有那么大范围的影响，新的神经元路径已经被建立起来。

—— 有时一切都很糟糕，我们非常伤心、生气、失望，又是催产素开始左右摇晃了，这时甚至只要泡个热水澡……很惊人吧？尽情享受，不要节制！这是现代科学带给我们的小礼物。

那些影响我们的思想

我什么都做不了……

> “我知道自己从未被爱过，我的存在也从未被渴望过……我怎么可能去爱呢？他们从未教过我怎么爱。像我父母这样的……在我们家从未有爱，一切都是那么暴力，父母从早到晚都在大喊大叫，我从未见过他们不争吵的样子。你们却希望我好好经营夫妻关系？”

我们都受限活在某种影响下，更确切地说有时我们已经说服了自己：如果我们的过去不一样，现在就一定完全不一样了。我们由心理学所谓的限制性信念揉捏而成。当然，我们不是自生生物，深受教育和在我们生命中发生的事件影响，包括各种各样的事件，从最痛苦甚至最悲惨的，到最令人喜悦的。不管我们的经历如何，我们经常带着过去的影响继续活下去。过去挡住我们的眼睛，使我们无法看清自己目前的样子；过去成为我们的参照物，仿佛除了这个“过去”之外，我们没有经历过别的事情，那些众多事件并没有改变我们。

你们注意到了吗？当我们说到过去，我们想到的通常是我们的童年，而不是最近几年发生的事。高考过去了十年、二十年或五十年后，我们仍记得高考的分数，却记不起几天前发生的事，这难道不令人惊讶吗？我们说自己不喜欢橄榄油，因为“我们家从来不吃橄榄油”，这难道不奇怪吗？

我在做咨询的时候，听到这些停留在“未改变的过去”——过去的童年——中的患者的言论，总是非常震惊。

“我是个假小子，因为我跟哥哥一起长大，我们关系非常好……”安娜沉重地说出她真实的情况，而彼时，她已经六十八岁了。

过去在我们的生活中确实很沉重，我们有时甚至觉得像背负着重担一样。过去给我们以立足的地方，是我们的根基。要是我们把过去当作一个音阶，从这里开始我们可以创造出一整部交响曲呢？一部不断进行变化的快板交响曲，可以通过我们度过的每个时刻调整节奏、速度、调式变化，从而变得丰富；乐理是支撑它的框架，但它可以自由地脱离这个框架，让我们自在地发挥自己生命的天赋。这样的音乐，完全贴合我们自己、让我们活出自己。

思想就是我们

我思故我在，这个说法充满魅力。可是我们真的可以自由地激发那些属于我们自己、我们深深信服的思想吗？

我们的思想，这是属于我们个人的精神活动，是独特的认知行为，是一连串复杂的神经生理机制运作的产物。我们学习、理解、记忆、吸收时，这个生理机制都在运转，并绘制出我们可以汲取的思想的背景结构。

我们所处的文化环境也拥有其花纹印记。我们以为自己在肯定自己美好的想法，捍卫自己坚定的立场，事实上只是在汲取我们已有的思想储备。甚至那些为人们耳熟能详的谚语也成为我们熟悉、不容置疑的想法，如美丽动人，祸不单行，旧的不去新的不来，有了第一次就有第二次……

流行的信念让我们相信：例行公事般的生活非常致命，尤其对于夫妻而言；一个人的幸福必定招致其他人的不幸；上帝知道我们得多努力才到了今天的地步……甚至我们的离别都充满了犹太基督教的内涵。正因如此，宗教长期以来都是我们的必修课，让我们知道该做些什么、该怎么做；宗教到如今仍然潜藏在我们的言论和信念中，即使我们是个不可知论者。当然，文化内容决定了我们的思想[1]，这个思想与我们的时代、社会背景相符。我们自己就是第一个上当受骗的人，我们根本意识不到这些思想不由我们的意识控制。

“这是件日常琐事，”她跟我强调说，“几年前，我跟姐姐在一起，那时我们都已经成年了，如果我可以这么说的话。我们在厨房里，我把一整只鸡放进冰柜。她吓坏了，大喊道：‘决不可以这么做。’‘真的吗？我不知道，为什么？’‘妈妈总是这么说的啊。’她眉头皱都不皱一下，坚定地说。”她提到的这件事情发生在20世纪70年代，那时冰柜还很少见，只有冰箱的冷冻箱……而她一直这样认定，从未质疑过。妈妈说的，就是真理。

1 Bernard Gibello, *La Pensée décontenancée. Essai sur la pensée et ses perturbations*, Bayard, 1995.

举这个例子，只是为了强调这是多么真实：我们每个人的思想开始启动时，出现的想法有可能根本不是我们自己的。可是我们已经习惯了，从未想过我们可以重新评估这些想法。就这样，思想在我们的脑子里，我们经常且非常频繁地忽略想法的来源，眉头都没皱一下就接受了这个想法。

那么，我必须探索我的过去才能找到思想的根源吗?

我们立刻就会这么想，我们内心深处非常确信，如果不去根源的地方寻找，根本不可能找到。

这个想法也不是我们自己的，是近几十年的心理学告诉我们的，这个停留在时间里毫无变化的心理学，我们却一直沐浴其中。至少，知道这一点很重要。

最好的思想方式，还是我们自己的……即把两个想法进行对比，然后，重新开始。更实际地说，只要意识到我们思想之下的心理活动，就足以阻止这个思想侵入我们的生活。我们甚至可以有意识地选出这个刚才在我们内心世界中被发现的思想，检视它对我们是否适用，就在此时，就在此刻。实现思想完全的自由真是个了不起的工程，我们可以做到的。不需要为了知道根源而对过去进行“考古研究”，即使在我们的消费社会里连消费产品都得保持这种可追溯性。可见我们的思想可以自给自足到何种地步。

瞧，我看到你了，我的思想。瞧，是你跟我说这样做或那样做，是你告诉我这好或不好，是你引导我的脚步。可是，喂，我的思想，我不知道是谁邀请你进来的，你看，我并不认同你，我有别的想法。再说，也没有任何事证明你不会误导我，你不会说谎、迷惑人……你甚至是个自大狂！所以，既然我可以看到你的小动作，我也知道你并不依赖我，你可以独立运转；既然我明白想法并不一定是真相；既然你在我耳边窃窃私语让我很不舒服……那么，请从这里离开，我要绕开你而前进。我不是我的思想，绝不是！

不再成为思想的牵线玩偶，成为按着自己意愿控制思想的人，这是一条充满希望的新路。即便有时连着我们的思想的线条缠绕在一起，我们仍然可以有意识地、专心地把线解开。

“事情总是这样……”或证实偏见的陷阱

真相并不存在，是我们的观察组成了“真相”，我们根据自己所相信的、所确定的和精心装饰过的思维模式，通过“有色眼镜”看到所谓的真相。真相，只是我们自己的观察，关于这一点，柏拉图在著名的洞穴寓言中已经教导过我们。

真相不存在？在这里我们不是要进行哲学大辩论，也不是要进入量子物理学复杂的奥秘中，即便我们可以享受这些辩论中不确定性可能带来的美好。

真相不存在，只是因为这是人性的一部分，是感受和感知的一部分。首先，我们只能看到我们决定要看的东西。我们进入一个房间，我们的眼神如光速一般，或几乎跟光速一样快地扫过房间里的所有东西，最后目光停留在等待我们的那个人身上，就如所预期的一样。其余的一切都被我们屏蔽，我们就以为自己是立刻看到了跟我们有约的那个人。"哦，不！"研究专注力的科学[1]会这样告诉你，"是你的观察欺骗了你，你的大脑早在150毫秒之前就决定好了一切。你以为自己只看到了这个人，是因为在这个时刻这个人对你来说是最重要的，你可以选择看到这个房间里的其他任何东西，你有成千上万种选择。"大脑从早到晚都是如此运作的：它决定我们把目光停留在什么地方，选择什么，对什么投入。剩下的部分？不存在的……至少对于我们的大脑来说就是这样！

真相并不存在，也让我们明白很多人际关系的冲突都因此而起。我们以为我们经历了一样的事情，看到了一样的东西，其实是大错特错！我们当中很多人就发现这在夫妻之间尤为真实："是这样的，不是这样的……你还记得吗？我跟你说过这些，你做了哪些……没有，根本没有，不是这样的。然而是的！因为这

1 Jean-Philippe Lachaux, *Le Cerveau funambule*. Comprendre et apprivoiser son attention grâce aux neurosciences, Odile Jacob, 2015.

是我听到的、看到的、经历过的。你不诚实……”在与人讨论的过程中，我们只听到让我们内心风车运转起来的话，那些我们认同、认为有理的言论。我们不是故意这样做的，但每个人都是由自己的大脑来决定看什么，所以每个人都看到了不同的东西……

真相并不存在，在心理学中我们称之为“证实偏差”（les biais de confirmation），我们总是在寻找证据去证实我们已经相信的事情、我们看待事情的方式和思考方式。假设我们相信工作能带来健康，我们所看到的、所读到的、所听到的，都会来证实我们所相信的；如果我们的信念是工作消耗我们的生命，我们也会在许多文章中、电视节目和讨论中找到支持的证据。就算是对待最简单的事情，我们的大脑也会捉弄我们：你刚买了辆红色的车吗？突然你就会惊讶地发现，满大街都是红色的车。实际上红色的车并没有比昨天多，但在你的眼中，今天红色的车绝对多得多……我们的大脑，真有趣！

改变思想，才能改变生活

既然真相并不存在……那么，我可以按照我的方式和意愿随意制造真相吗？是的，这正是我希望你们练习去做的。我们可以选择适合我们的真相，但前提是我们要接受，同时还存在着其他多种可能性，是迄今为止我们所不知道的真相。

我们需要完全地投入一个未知世界，睁大眼睛看看意想不到的风景。退一步去观察，放下自己的确信，允许自己感到害怕，转移自己的眼光，以不同的方式去关注。哦，那边发生了什么？如果我认为发生了这样的事，会产生什么结果？我可以接受这个新的想法吗？……听起来似乎很容易，这个方法简单易行，也很有吸引力；但在现实中，我们很多人说，有时甚至是声嘶力竭地喊道：他们很想改变，但是不愿意承担改变带来的风险。我们不愿意用另外一种角度看待事情，不愿意换一种想法，甚至连一点点的改变都不愿意接受。

我们的确信是我们在日常生活中的舒适区，就算我们为此而痛苦，至少我们还有习惯带来的舒适感。习惯可真会带着我们团团转啊……

心理学称这种现象为“改变阻抗”（la résistance au changement）。每次看到这样的反应，我都很受触动。这些患者希望自己的生命有所改变，为此来到咨询室，可是他们却紧紧抓住虚幻的生活、思想上的舒适，就像抓住救命稻草一般。要想改变，必须放下把我们滞留在港口的那一点点舒适；我们必须扬起风帆，驶向大海，逆风而行，或借风而行，打开视野，驶向那让我们自由并由我们自己坚定地确认好的目的地。我们需要坚定，因为我们会直面风暴，只有我们自己的完全投入才能让我们渡过难关。我们自己的难关。

卡拉·玛丽离开了，年仅九岁，她死于迅速恶化的癌症。这绝对是个悲剧，她的家人承受了极大的痛苦。她那位了不起的母亲娜塔莉，自她离世之后成立了一个协会——“粉色桥梁”[1]，成立这个协会的目的是陪伴那些失去孩子的父母亲。这个协会非常活跃、慷慨、快乐。娜塔莉说：“既然我们无法延长生命，那么就在每天的生活里增加生机。”她的计划非常美好，娜塔莉发现，很多父母最大的困难是害怕遗忘。父母需要记得，需要活在过去，好像如果接受这种无法形容的死亡，就有着否认他们如此深爱过的孩子曾经存在的风险。仿佛真正的风险是孩子会被彻底遗忘。改变阻抗非常厉害，让他们无法从死亡的阴影里走出去。但爱也是，爱总是更加强大，他们对孩子的爱可以存到永远。

心理学的角色就是训练患者承担风险，因为人生总是有风险的。对改变的阻抗，就是因为恐惧。感到害怕很正常，当我们驶向未知，从潜意识而来的是不怕危险。这就是我们的专业应该介入的地方，让患者把潜意识带到意识层面，然后有意识地决定去承担风险。感到害怕，意味着我们要打破常规，恐惧是我们的向导，指明了我们正在路上前行。

1 粉色桥梁协会：http://lepointrose.org。

作为心理医生，我们应该跟这样的恐惧成为战友。恐惧不应该成为拦阻我们跟患者一同前进的障碍，恰恰相反，它应该引导我们，让我们更加坚定帮助患者的意愿，跟他一同全力以赴地面对风险。

过去塑造了我们，但不能定义我们

我想我们永远不应该偏离这个想法。没有过去，什么都不会存在，过去是我们生活的故事，一条连接昨天和今天的线，这条线把我们过去的生活片段连在一起，汇集成我们今天的多重面貌。我所指的，不仅是遥远的、被掩埋的、被遗忘的童年时代的过去，也包括昨天、几天前、几年前的过去。我们所有的经历都变成了过去，而现在是如此短暂、轻盈、脆弱。当我写下这段文字时，开头的那几个字就已经成了我的过去、你们的过去。过去总是在前进，没有停止，我们的生命也在一点点前进。

我们不是更应该保留和喜爱并实践这样的想法吗？既然过去每时每刻都在改变，我们就不是过去的囚徒，我们没理由不断地进行复述，我们不必肩负过去沉重得像背着十字架一般。这个著名的十字架。假如，我们放下这个十字架呢？假如，我们可以一劳永逸地摆脱它呢？不是用意志力对自己说：我不要再想了。因为这是个不可能的任务，这样的抗争会占据我们所有的心理空间，并让我们付出太大的努力。

> 大脑不知道如何处理否定。如果我跟你说，不要想一只绿色的老鼠，你的大脑中为了制定出不去想的策略，现在肯定就在想绿色的老鼠。而为了把绿色的老鼠赶出你的脑袋，你得运用许多能量，以至于你无法专注于此时此刻正在经历的事，现在、此地所发生的事。

把干扰我们的事情从脑袋中赶走令人筋疲力尽，会让我们觉得被掏空，也让我们远离自己的生活，远离我们此时此刻正在经历的、容易被忽略的精彩。所有患者都有做不到、一切都被毁了的感觉，这让我觉得难以承受，因为有这种感觉的人错过了自己的生命。“一切都毁了。”他们说，真令人痛苦！又有那么多人那么频繁地说出这句话。一项针对普通人群的最新调查[1]发现，47%的人觉得自己的生活全毁了，也就是说几乎两个人中就有一个人觉得自己浪费了生命，并希望改变。这个数据应该激励我们所有人采取行动，我们这些心理医生就该首先行动起来。

我们有义务解释清楚，我们不必被过去发生的事捆住手脚，

1 2016年9月益普索（ipsos）调查。

我们可以摆脱过去，采取实际的行动轻松地继续上路。我们需要大声地宣讲过去也是丰富的泉源，我们可以从中获得能力，我们曾经在过去取得或大或小的成果，有自豪的时刻，也有美好的时刻，这些塑造了我们今天的性格、才能、智慧和我们自己捍卫的价值观。我们的十字架上同样也镶嵌着珍贵的宝石。

“他们告诉我说是我的祖父……”

克洛德五十二岁，长年以来患严重的失眠。“我用尽了一切方法，”她说，“看心理医生，尝试隐修，吃安眠药，做各种疗法。我在医院做了睡眠检查，前一位精神科医生给我开了抗抑郁药物。我还看了家谱心理学家，现在我知道了。她做过计算，画出了我的家族树，了解我的家族历史，总之，我明白的是，她说这跟我的祖父有关……”

我很困惑，几乎可以用悲伤来形容我的感受。我问克洛德这样的分析给她的生活带来了什么改变。“没什么大的变化，”她坦白地说，“事实上，毫无改变。”“你的祖父到底发生了什么事呢？”“那是在阿尔及利亚，民族解放战争之前。他感到风向变了，很担心自己的家人。他抗争过，抵抗过。那时，我们家族有很多农田、财产，可最终什么都没了。”

是的，这对他对整个家庭来说应该真的很不容易、很痛苦。是的，我们可以想象，但想象她出于这个理由而整夜睡不着，这……现在，这是您的生活！

我们每天在生活中经历的不适，只有在过去才能找到答案。排除异己才能找到解决生活方程式的答案。该如何摆脱这些执念呢？

知道我们三岁时曾用手偷吃罐子里的果酱，被当场抓个现行，对于我们现在的生活有什么影响吗？真的是因为如此，导致我们今天产生了愧疚感吗？我们真的可以因为对过去“考古”，挖出这样一个事件而改善今天的心理状态吗？

要是我们彻底地做出另外一个选择，即带着今天我们拥有的，包括我们的欲望、推动我们前行的、我们所喜欢的，创造一个新的历史呢？！不是靠着模糊不清的影子，或缠绕在我们心灵里的图片记录，或无法辨识的旧档案；而是使用生动、自由、具有弹性、充满探索精神、与时俱进的材料，即今天我们之所以成为我们的一切。不管发生过什么，就带着这一切，面对这一切前进；带着那成就了我们的一切，面对那些伤害过我们、给我们留下印记乃至创伤的一切。

是因为我

孩子的行为、困难、障碍，父母很快就会认为是自己的责任。他们觉得自己有责任，感到愧疚，而且认为这是不言自明的事。这种信念深深印刻在人们的脑海中，绝大多数人都有这样的想法，我们在谈话沙龙或咨询室里一直都需要帮助患者打消这样的念头。孩子所经历的，妈妈们长期以来都是为此负责的绝佳人选，她们站在最前线，自己也继续接受这样的思想，从来不质疑，认为就是因为她们才发生了这些事。这些妈妈充满了愧疚感，其实全是心理医生的错，是心理医生把矛头指向了她们。这非常不公平。最近的研究表明事实并非如此，但这样的想法已经深入人心，很难改变——至少目前如此。

美国心理学家朱迪思·哈里斯（Judith Harris）[1]出版了一本非常重要的书，尽管接续他的思路进行研究的后继者并不多。书中说道，大量可靠的研究表明孩子确实很容易受到影响，但主要来自同龄孩子，他们受到同龄孩子的影响比例高达40%。父母的影响力排在末尾，仅占10%。最强的影响来自基因，占50%。来吧，父母们，可以松口气了。

保罗十岁，多动、焦虑。我们开始了咨询。他的母亲还未坐稳就开始说话，我友善地打断了她，让她先好好安心坐下来，休息一会儿，放松下来。她很着急，忧心忡忡，她担心我对她进行评判，她又成为罪

1 Judith Harris, *Pourquoi nos enfants deviennent ce qu'ils sont ? De la véritable influence des parents sur la personnalité de leurs enfants*, Pocket, 2004.

> 魁祸首，所以她自己抢先把话说在前头，告诉我她的儿子焦虑很正常，因为她在怀孕期间就非常焦虑，极度焦虑。“保罗出生的时候，我更加焦虑。我觉得非常孤单，没有能力照顾这个孩子。我时时刻刻都觉得害怕，就像一场噩梦。我很理解保罗为什么如此焦虑……”看吧，过去解释了现在，还有妈妈是给儿子带来不幸、焦虑的原因。她觉得这样的想法很正常，大家都这样预期，这是编好的程序，即使她现在精疲力竭，需要帮助。这时，我温柔地提醒她，她不是自己所想的那样全能，保罗的焦虑就算是“合理”地继承了她孕期的焦虑，也仅仅属于保罗自己。保罗有权拥有*自己*的焦虑。他的焦虑有自己的源头，与自己的个性和唯一性有关。我非常坚持让妈妈理解我话语中的意思，特别注意不要伤害到她，我跟她说虽然很抱歉，但是她必须放弃“自己有责任”这个想法。当然，她听完有点不安，但被震撼到了……她听了很多心理医生都跟她说，得先处理好她自己，才能帮助她的儿子。虽然她一直感到愧疚，很痛苦，但基本上相对来说还是舒服的。虽然一切因她而起，但也多亏了她……

我并不认同这一点，这是我要特别强调的。当然，这位妈妈的过去会影响儿子的成长；这之间确实有联系，而且把妈妈的影响考虑进来也很重要。可是，如果我们坚持认为母亲是一切的解决方案，我们就无法全身心地理解和帮助孩子，按着孩子的本相、他的身份、他自己的困难，去帮助他本人；如果我们坚持认为母亲是一切的解决方案，我们就无法在孩子的内心挖掘他自己的潜能，帮助他在摇摆中找到出口，成功地生活和实现自我。这样做，我们心理医生的眼光就会被困在过去，不停地向后看，而无法集中全部的精力引导他投入自己的生命——保罗的生命——属于他自己的生命。虽然他连接于他的家庭，但他也有自己的生命轨迹。

没有简单的过去

如果，过去不是我们口中所描述的那样……而是我们被告知的那样呢？一个融合了我们的感觉、理解和我们今天的见解的过去……有时，有些“假记忆”进入我们的内心世界，我们还坚定不移地相信那是真的。我们所有人都经历过，有些人即使并不是事件当事人，也可以跟我们信誓旦旦地讲述他们所见、所听到的事情，对于这些人的假见闻我们都相当震惊。

大脑也是，它并不像图书馆里整齐归放的书籍那样，可以按类别把回忆放好，记忆不是这样运作的。它的原则是联结主义，为了记起某件事，需要成千上万的联结，让储存的片段浮现出来。每个回忆都是点亮成千上万个神经元的结果。如果一个联结脱离轨道，回忆就会消逝、变形，甚至随着联结而用别的神经元通路中的细节来装饰自己。就像高速行驶在复杂铁轨上的火车，铁轨道岔自动调整着火车前进的方向，但火车也会走错道岔，不再在之前规划好的道路上走了。

然后——这也是最最重要、最最需要记住的一点——我们不可能，真的完全不可能让回忆完整无缺地浮现出来，即便是昨天刚发生过的事……不可能，就是不可能。我喜欢像在床上跳来跳去的孩子那样不断重复：不可能，因为这是个非常好的消息！而这个消息也没什么新鲜的，可为什么我们没有不断重复，让每个人都知道呢？这是个谜，无法探知。我们还是保持孩子气，大声说：不可能，我已经跟你说过了！现在让我来解释清楚。

当我们沉浸在回忆中试图找回或多或少已经消散的记忆，我们可以找回全部或部分的记忆，然后我们让它逆向浮现出来。此时，我们可以讲述我们的回忆了，但它其实穿越了整张联结网络，而在事件发生的当下这张网并不存在。从事件发生后，大脑就一直在变化，事件距今越久远，随着我们的经历、学习、成长，大脑的变化就越大。所以，当我们述说一段回忆，这段回忆是当下的大脑、今天的脑回路、目前的理解、现在的情绪重新创作出来的，它不可能是未经过任何处理以原貌出现的，因为从神经学上来讲不可能就是不可能，我刚才已经说过了。

当你们花上数小时、数月、数年，在无数个夜晚，拾忆过去的点点滴滴，你们甚至可以说，那是一部在现实中从未发生过的电影。过去从来不是这样的，绝对不是这个色调，绝对没有这么强烈，绝对不是这样的情绪。可能事件本身带来的刺激很大，但跟我今天回忆的不一样。我们找到的回忆，是回忆的虚影。就像我们看到的星星，可能在很久之前就已经不存在了，它遗留的痕迹闪着光芒，产生了我们现在看到的幻象。

不仅如此，我们越是缠绕在过去痛苦的回忆中，我们就越多遍经历过去那个事件。想起的次数越多，它们就越深地印刻在心里，这与我们想要的效果南辕北辙。如果我们不去回忆，事件就会在记忆中淡去，这是记忆运转的方式，为了学习和记住新的东西，我们必须遗忘。当前所有研究都证实了这一点。记忆是为了遗忘而存在的，只有遗忘才能让我们前进，才能让我们装进新的知识、硬技能和软技能。

学会遗忘会是新心理学的信条吗？说到底，为什么不呢？学会忘记让我们受伤的事，可以抚平我们所受的伤害，而不是否认伤害，除非我们认为否认是为了治愈而采取的可接受的策略。否认意味着屏蔽让我们受到伤害的事件，在记忆中我们就会找不到这件事的存在。这样岂不更好！认知科学会这样回答，这样的做法更聪明啊！

学会遗忘，或许是卸下沉重过往的第一步。

记住美好的事……

由于想要摆脱让我们痛苦的事，我们常常忘了去记住美好的部分。过往，藏着一千零一件宝藏，它们的出现安抚我们，让我们感动、感觉良好，并让我们的心变得柔软。快乐的怀旧时光。那些我们所赢得的大大小小的胜利，让我们感到自豪。一个眼神，一片风景，风、沙、水的触感，一阵大笑……这些回忆都藏在我们心灵的褶皱中，它们是珍宝，不要让它们蒙上灰尘，让我们常常去擦拭它们，让它们在我们的心里发光。愿它们柔和的存在温暖着我们，安慰着我们。经常回忆起这些童年时光或离现在更近的美好时刻，把它们定格在我们的记忆中，会让我们更容易自发地回想它们。它们就在那里，离我们很近，那么温柔。

亲密的依恋，是为了更好地分离

在心理学中，依恋理论非常重要。这个理论很古老了，确实如此，但在日常的临床实践中，该理论聚焦我们的目光，让我们知道从何处开始治疗，这也是理解患者的关键。依恋理论让人非常感动，因为它在我们耳边喃喃细说那些我们遗忘的，却长期甚至永远影响我们却没有被解释过的时刻：包括平安顺遂的时刻，直到充满动荡、需要指引的时刻。

哈利·哈洛（Harry Harlow）和他那些喜欢皮毛而非食物的恒河猴，康拉德·洛伦兹（Konrad Lorez）和他所照顾的鹅，还有精神科医生约翰·鲍比（John Bowlby）第一个提出爱是维持生命第一重要的“食物”，接续这些大胆的动物生态学的研究，那位才华横溢的英国精神科临床医生唐纳德·温尼科特（Donald Winnicott）向我们全面地解释了什么是依恋。

依恋理论告诉我们，我们还是婴儿时，与照顾我们的人——通常是父母，即我们的依恋对象之间的关系会深刻影响到我们是否拥有内在的安全感，这样的安全感让我们带着生命的冲劲投入广袤的世界。

临床医生的伟大之处就在于他们经常在科学之前，就早已了解了一些之后被验证的心理机制；依恋理论的发现也是如此。这就是为什么我要在这里谈论这个话题：我们跟其他人所维持的关系的质量，是我们心理、生理健康的核心组成部分，也决定了我们的寿命长短和生活是否幸福。比起关系的深度、爱的深度以及我们亲近或不亲近的他人——家庭成员或非家庭成员之间的依恋关系，金钱、物质条件、事业和人际关系的成功，就显得没那么重要了。重要的是关系的质量。

我们现在也知道，所有这些机制能运转，都是镜像神经元的作用，镜像神经元让我们感受到他人的情绪状态，不放弃地用非语言的方式捕捉那些把我们跟他人连接在一起的，亲密的或已经寻常到不去想的关系。

我们生命最初的关系是基础，让我们有能力依恋他人，爱他人，感受到自己值得被爱。

我们生命最初的几年，有三种主要的依恋关系，包括在场的或不在场的情感安全感：

—— **安全型依恋** 安全是英语法语化后的单词，因为在法语中没有对应的形容词。当他人没有任何条件地出现在我们身边，我们感到平静时，我们就会建立这种感觉。“我需要你，我知道你就在那里。一切都很好，我也很好。”

—— **非安全型依恋** 是安全型依恋的反面。“我很快明白我是单独的一个人，不管环境如何，你从来都不会出现在我身边，不会安抚、安慰我，也不会让我安心。非安全型依恋让我无法相信任何人，我永远只会孤单地活在这个世界上。”

—— **矛盾型依恋** 是最有害的一种依恋关系。“一次你在，下一次你就不在了。我永远不知道是否应该依靠你，当我需要你的时候，我永远不知道你是否会拥抱我入怀。”被遗弃的担忧和焦虑潜伏在身边，当事人时刻需要安心。自我的脆弱，你与他人、与生命的关系对当事人来说都是要认真对待的风险。

依恋类型决定了我们内心是否具有安全感。在咨询的时候，我们接待的孩子中有70%属于非安全型依恋或矛盾型依恋。

安全型依恋则是幸福的圣杯。这种沉淀在自我深处的感觉，让我们心灵的锚抛下来，感受到爱与被爱。这是安全感的基础，内在的力量，让我们轻松地进入并发掘广阔的世界。即使面对危险，我们也有秘密武器。

> “我喜欢这样美好地描述安全感的内在领域：平静、神圣的地方，维护这片圣土至关重要，因为它赋予我们存在感。这是温尼科特说过的。”[1]

我们在生活中很容易辨识出那些有如此坚固的安全基础的人，和那些用狂傲的信心直面生活磨砺的人。遭遇困难的时候，他们充满热情、不泄气地去面对；他们拥抱生活中所遇到的一切，内心的信念就像拉·封丹寓言中的芦苇一样，会弯曲却从不会被折断。我们羡慕他们，是因为他们总会反转形势，以更大的灵活性、创造力和能力完成一件事。正是因为他们曾有过很有安全感的依恋，才能这样去冒险。他们完全地拥有存在的自信。

而对于拥有非安全型依恋的人来说，总觉得有人在搞鬼，他们不相信自己，也不相信任何事，尤其不相信别人。他们很少觉得自己能完成什么，更不会感受到爱。他们的行为模式一直在重复表现出爱的缺乏，经常带有攻击性、操纵性，有时甚至有暴力的行为。真令人伤心。他们非常害怕。

---

1 Ariane Calvo, *Trouver son élan vital. 10 clés pour rebondir après une épreuve*, First éditions, 2018, p. 57.

矛盾型依恋的人一直在与生活做斗争：他们尝试去爱，失败了重新开始，感到被遗弃，不被爱时又紧紧抓住这份爱。在他们的心里有座希望的小岛，他们不会放任自己完全地阴郁下去，绿洲似乎就在不远的前方。他们的战斗既苦涩又棘手，他们对爱的需求让他们筋疲力尽，有时还会让他们失去追逐的动力，失去生命的意义感，迷失在自己的需求中。他们是那么渴望被爱，又害怕被爱，你们明白的。如果爱人离开了……对他们来说，最糟糕的场景总是最可能发生的，也是最令人焦虑的。寻求认同感也是这个硬币的另一面，他们总是不停地呼喊："那么我呢？我呢？我呢？"

我们生命中的依恋模式?

我们经历过的依恋模式是我们生命的底色，是我们的标志，在我们的个人发展，尤其是在我们的情感和情绪发展中留下印记。

在这里也一样，什么都可以被改变。事实上，被保护的安全型依恋的人总是有坚定的信心。就像奥贝里克斯（Obelix，《高卢英雄历险记》中力大无穷的主角之一），他们小的时候掉进过药水缸里，从某种程度上来说，他们在生活中有免疫功能。生活最狂暴的打击也不能毁灭他们，因为他们有这个秘密的基础；打击或许可以动摇他们，是的；但完全摧毁他们，不可能。就像不倒翁一样，可能会左右摇晃，但总能找到平衡，他们重心很稳。

对其他人来说，事情就不这么简单了。是的，事情的开始就是这样；是的，如果有坚实的安全感基础，事情会简单很多；是的，我们会觉得这不公平……但我们仍然可以有选择：我们可以哭哭啼啼，对自己说我绝不可能做到；或者抓住别的可能性重新洗牌。“如果——也只有这样，我接受改变，我才可以确保自己内心深处有安宁的感觉。”

接受改变不是一蹴而就的事。这里再一次令人纠结的是我们必须离开自己的舒适圈。有时这让我们感到痛苦，因为我们宁愿选择待在暖和的舒适圈运转机制里，很痛，但至少我们很熟悉这里的情况。我们发现指责别人，指责生活，比努力使用解决方法简单很多，我们甚至不用为自己的生命负责……要不，让我们重新投入，成为生活的主角，直到赢得胜利，因为这是我们自己的生命，我们不是在玩虚拟游戏，我们没有第二次机会。

我们让过去介入，再一次说明：要么是为了结出果子，要么是为了改变；但绝对不是为了让人自怜，或不断重复、无限循环我们曾经是无辜受害者这种不公平的言论。

大脑很有弹性，这点再一次，也总是提醒我们，一段牢固的新关系可以改变一切，每一段真诚的相遇都可以改变一切。对大脑来说，所有新的依恋形态都是可能的。我们甚至可以在极小的时候跟父母拥有非安全型依恋关系，但跟保姆建立安全型依恋关系。即便是被虐待的孩子，都可以摆脱起初有害的依恋形态。联结、复原和爱的能力是无法估量的。爱可以做到一切，修复一切。

治愈心理创伤

不管患者的年龄多大，有什么困难、障碍、病症，个性如何，进行治疗或被陪伴的咨询室在哪里，我相信整个心理学都围绕着这个内在的安全感而展开，内在的安全感是人们来咨询的唯一、真正的原因。安全感是自我身份认同的支柱，也是我们作为心理医生首先需要着手处理的。

没有安全感，所有的护理陪伴、任何形式的治疗、一切处方，在或长或短的时间内都会失败。处理安全感是我们工作的核心。

工程开始的第一块砖是什么呢？就是心理医生本人和他用无条件的爱看待患者，他相信患者一定会变好，他坚定不移地投入所带来的力量一定会让患者感受到：医生在紧紧抓住他的手，不到最后抵达终点决不放手。

这绝对是我们的任务，这会带来改变，真的，会改变一切。我们要成为安全感的基础，我们的患者可以因我们而能安心地去探索他们内在混乱的心灵及外在复杂的现实世界。当我们感到安全时，我们就会拥有大胆改变的能力。

在现实生活中?

这项修复自我的工作远远超越了建立自信，需要通过每个人适应、利用生活处境的能力，一点点改变人的心灵——这个精妙复杂的存在。

跟我们敬佩、无条件爱我们的人在一起，是给我们自己机会被爱、被欣赏，尽管我们的内心仍有恐惧……这不容易，但会让我们的内心充满神圣的催产素，并使我们与带给我们幸福的镜像神经元紧密联系起来。

关系的绝妙力量

这是迄今为止时间跨度最大的研究项目之一，该研究从八十多年前就开始了，始于1938年……这中间涉及四代人，包括研究者们。这项研究在美国非常有声望的哈佛大学[1]进行。

一开始，该研究旨在比较不同组的年轻人，他们的背景完全不同：一组年轻人是大学生，另一组是波士顿的街头青年。数百名参与者在人生的不同阶段接受了认知和性格测试、身体检查、神经学研究，甚至连他们的生活方式都被当作研究的参考。比较的内容囊括了一切：是否有工作？工作仅仅是为了糊

1 Harvard Study of Adult Development, Robert Waldinger (directeur).

口还是出于兴趣？结婚、单身、离婚、重婚、同居、一个人生活？有没有孩子？是否有疾病？生活水平如何？在哪里生活？简单来说，就是把所有因素都进行了分析，因此得出的结论无法推翻。

什么能让人更长寿，活得更健康、更幸福？只有一个标准，没有讨论的余地，就是与他人的关系。我们拥有越多真诚的关系，越能够保持热情、滋养的关系，我们就过得越好，就越容易觉得自己是坚强的，并且确实会变得更坚强……关系可以深入地修复破碎的心灵容器，让其中充满我们曾经非常缺乏的魔法药水。

爱自己?

这听起来很奇怪，因为我们很快就会把“爱自己”跟大家旧观念中的自我中心、自私自利联系在一起。爱自己，不是把自己捧在高高的宝座上，认为自己是最好的，而蔑视他人。爱自己，更多是触碰到自己人性的部分，承认自己内在的脆弱感，深深接受我们需要这份能够修复一切的爱。爱自己，是在自己的内心最深处认为：如果别人能够爱我，那么我也可以爱；如果我这样做，我只会变得更有爱，因为我不再单向地去索求爱，而是分享了普世性的被爱需求；我越爱自己，我就能够更爱他人，那么他人就会更爱我……

拥抱自己，紧紧拥抱，对自己说些好话，赞美自己，祝贺自己，对自己说声谢谢……这些小动作能带来很大的改变。不是自己说服自己，因为进行自我说服是非常表面的，而是通过这些行为触发我们体内的化学反应。今天我们知道，这些自我鼓励的动作会触发体内这些众所周知的激素和化学分子进行混合反应，让我们觉得安心、有安全感，给我们带来满足，激励我们。我们所有人都有自己的泉源，可以从中汲取有益的激素。一小剂量[1]的多巴胺、催产素、血清素、内啡肽（让-弗朗索瓦·洛朗的文字游戏：剂量在法语中是DOSE，正好是多巴胺、催产素、血清素和内啡肽的法语单词首字母缩写），尽情享用吧，不需要任何节制！

爱自己的过去

手中握着过去，带着它走向明天……就像随身带着贵重物品一样，虽然这个物品有些损坏，但我们非常珍惜它，胜过一切。

这让我想到了一门精致的日本艺术——金继，用金修复陶瓷碗的艺术。金继匠人不是掩盖裂痕和缝隙，而是让它们变得精彩。细腻的金色疤痕增加了物件的美感，令其更显珍贵。

我们需要的，难道不是复原的艺术，终极的复原艺术吗？

---

1 根据让–弗朗索瓦·洛朗（Jean-François Laurent）发明的美好的首字母缩写。

接受过去曾让我们痛苦，同时轻轻地把一些碎片粘在一起，以便我们能够用温柔甚至充满爱的方式去看待它。这是我的过去，它会如此不像是我的选择，但它就是如此，我可以爱它。因为，就算它如此令我痛苦，它仍然塑造了今天的我，让我有了今天的生命。今天我在生命中给它一席之地，是因为我可以这么做，我可以从中学习到很多东西，生命的教训。从这痛苦的过去，我汲取力量和能力。虽然它几乎毁了我，但我可以进行自我修复，我自己拥有金线，即我的潜能，可以进行修复。

不断重复自己的过去，就像在伤口上撒盐，不会让我前进，但以过去为荣、感谢过去，给我打开了通往存在的门。

此外，如果我们需要原谅自己呢？原谅自己带着积极的目的，不是为了承认自己的“罪”、愧疚，而是简简单单地承认……原谅，就是对过去敞开双臂，给自己作为人类的脆弱性留出一席之地。对于已经发生的事，我们为自己感到难过，也感到愧疚：我不应该这么做，我应该这么做，我原不知道……这让人很痛苦，真的。但这个过去就是我们；尽管这些伤痕就像脚上的刺一样，我们可以喜欢它，我们仍然可以爱上自己。给过去腾出空间，就像我们看着一个犯错的孩子一样。是的，我们会很生气，但这不会影响我们爱他。我们不会把孩子简单等同于他所犯的错误，尽管他做了那么多蠢事，我们仍然爱他这个人，这些蠢事跟他的优点、性格和才华一样，是他的一部分。

来吧，我的过去，我知道你很沉重，现在来吧，停下来，除了重担之外，你还有很多美好的东西。你是我的潜能、力量和希望。我爱你，我的过去，按照你本来的样子爱你。

脱离童年的陷阱而痊愈

脱离童年的陷阱而痊愈，就是不顺从。这需要美好的叛逆精神：拒绝被程序化，打开自由之门。我们已经知道大脑的运转方式，思想会在我们不知情的情况下，无意识地进入我们的生活，经常替我们做出决定。我们感受得到遥远的情绪潮起潮落，这些情绪有时模糊了我们的视线，扰乱了我们的生活。那是从过去而来的情绪，我们的过去，不同于我们现在的生活。我现在的生活与我不能改变的过去的生活极其不同；当下生活的轨迹，我能改变它。

只要转念一想，我们就可以意识到在我们内心、超越或低于我们的一切，那都是关于我们身份的丰富内容，深深地印刻在我们每个细胞的底层。“意识到”就是观察、接受、决定。决定什么是我能做的，我要保留的，现在适合我的，什么是我要彻底抛弃的——因为它已经完全过时了，以及什么是我要转变的。这就是革命，内在的革命。充分意识到我是谁，我的过去如何，以及那些隐藏的陷阱，我可以选择做出改变。

如果意识不到，我们就如同囚徒一样。我们需要对过去有清醒的意识，才能获得自由；发现过去的驱动力，才能从中脱离；找出过去的宝藏，才能滋养我们的生命。

痊愈，是拥抱我们的心理创伤，而不是无可奈何地忍受它；痊愈，是不把自己限制在过去，练习向未来看齐，展开新的可能性；痊愈，是清晰地知道现在正在发生着的事，知道明天也会成为过去；痊愈，是重新连接于生命的冲劲和生命的源泉。

与运气有关的因素总会出现两次

> “因为被玫瑰的刺扎到而憎恨所有的玫瑰，因为一两个梦想没有实现而放弃所有的梦想，因为失败而放弃所有的尝试……是非常疯狂的。因为一个朋友的背叛而怀疑所有的友情，因为一段恋情的失败而不再相信爱，因为一件事不顺利而放弃所有幸福的机会……是非常疯狂的。总是会有另一个机遇，另一个朋友，另一份爱，那是全新的力量。”[1]

这个想法很决绝：没有什么能永远影响我们，遥远的过去——童年不可以，刚刚过去的过去也不可以。每个当下，

---

1 Antoine de Saint-Exupéry, *Le Petit Prince*, Gallimard, 1945.

都是新的机会，都有新的可能性，都可以重新被洗牌。当下是属于我们的创意空间，我们所有人都有创造力。创造性，即离开条条框框，虽然知道框架的存在，却容许自己离开这个框架。这不是对过去的拒绝，而是赋予未来自由。创造性在心理学上也叫发散性思维，不走寻常路径，拥有勇气不愿意按照已建立的既定程序进行复制或按照预期的惯例进行生活。这种思想会产生新思想、新概念、新观点以及不同的做事方式……发散性思维非常强大，可以让我们从过去或我们断定别无他法的条件反射中充满智慧地脱离出来；恐惧是我们可以依靠的力量，我们在感到恐惧的时候特别有力量，因为恐惧意味着我们遇到风险正迎面而上，事实确实如此。

面对生命

结束抱怨[1]

格雷瓜尔又开始了，再一次。他已经抱怨了四十五年！抱怨就像他的签名一样，没有一件事情是

1 借用了弗朗索瓦·鲁斯唐那本卓越的书——《结束抱怨》的名字。

顺的。他说他很痛苦，这很糟糕。可是我不明白，我无法理解他有多痛苦。格雷瓜尔被诊断得了抑郁症，正在接受药物治疗；这已经不是他第一次接受治疗了。他按时来见我，同时每周也去看另一名心理医生，这名心理医生采用的是身体疗法。他的抱怨深入骨髓和心灵，他完全无法摆脱。我感觉，抱怨是他为了自我保护而分泌的一种物质，就像刺猬一样。他抱怨，以引起别人的同情，几乎到了要别人怜悯的地步。抱怨得以存在，就需要有一个倾听的人，尤其需要这个人的安慰。

我向他指出这一点，告诉他我已经受不了他的抱怨，我觉得他和他的抱怨都让我非常有压力，如果他喜欢抱怨，我必须跟他保持距离。我对他的抱怨并不感兴趣。要是他如此坚持继续抱怨，就请他自己处理自己的问题；抱怨是他的安抚巾，他不可能一辈子都带着它闲逛，或把它带到心理医生的面前。现在已经够了，他必须放手。我的原话几乎就是如此，说话的时候口气很差，态度也很坚决。

他不喜欢听到这些。我还告诉他，康复比长时间沉浸在抱怨中要复杂得多，需要非常勇敢、有决心和意志——崇高的意志，并对自己的生命负责任。然后他开始为自己辩解，并非常生气。这样——差不多——就赢了！愤怒，就是朝向生命的前进，捍卫自己所坚持的，格雷瓜尔不希望我质疑他的勇气、决心、意志和投入这些品质。

所以他重新挺起胸膛，我们开始一点一点地前进，清理内心的垃圾，打造全新的内心风景。今天，当他意识到自己不再抱怨时，自然而然地笑了……我也跟他一同欢笑。他再次成为自己生命的舵手……慢性抑郁症已经离他而去，病态的、毒害他生命的抱怨也已离他而去，离他身边的人更是远远的。

事情很糟糕，我们很痛苦，或很不安，表达这些都是合理的；对父母来说也是如此。我们总是需要尊重痛苦，法国精神科医生、心理分析师安德烈·格林（André Green）说过：没有人知道一秒钟的痛苦有多痛。让人不再痛苦是我们心理医生行医的基础，这就是我的职业。痛苦，我们需要拥抱它、安抚它、哄着它，并以它为荣。

但痛苦与抱怨不同。抱怨不是倒空痛苦，而是滋养痛苦。它让我们成为牵线的木偶，不断进行反刍，拒绝看到现实，拒绝活在现实中。当下可以被改变，但需要努力，要牵动那些线非常辛苦。

抱怨就是某种对自己的拒绝。

“抱怨让我们远离近在咫尺的幸福，幸福需要我们宽容大度、创意无限、进行友情或爱情的冒险。”[1]

不是我的错

指责他们、他或她、过去、天气、社会……这是那么容易，至少看起来是很容易的。在咨询室，我们总是听到这样的话，在生活中也是一样。

但我们没有意识到的是，这种外在性的说法，即心理学所说的总是把错误归咎于外因，只会让我们完全无法动弹。我们出让自己的权利：这些事情不取决于我们，我怎么可能采取行动呢？“不是我的错”，让我们困在抱怨中，阻止我们进行任何改变；让我们停留在依赖状态，尤其是情感依赖中；也切断了我们独立自主生活的所有可能性。

“我没得选”是另一个版本的表达方式。所有一切都是错的，在当事人看来一般明显就是如此。有些人确实活在这样的困境中，我们不应该忘记。

把错误归咎于外因，是一种退缩。我们很少能够改变别人，但可以改变自己。我们不需要活在这样的限制中——“不是我的错”。我们可以承担起自己的责任，我们必须承担。我

---

1 François Roustang, *La Fin de la plainte*, op. cit., p. 12.

认为逃避责任是今天生活中真正的毒药，我们拒绝跨越障碍，在所有领域都是如此。

我们可以也应该成为生命中的演员，而不是观众！

这不总那么容易，却是可能的。行动总是可能的，只要有意图。正是意图，帮我们开始改变看上去不变的东西。意图，就是意图而已。

满怀希望

该来的总会来的，相信我，生活总是对的，总是。

——雷内・马里亚・里尔克（Rainer Maria Rilke）

“接受生活中的一切”是《欢乐满人间》（*Mary Poppins*，迪士尼1964年发行的一部电影，根据英国同名小说改编，讲述了仙女玛丽来到人间，化身为保姆帮助两位小朋友重新获得生活的乐趣，并让他们的父母重享天伦之乐）的主题旋律。玛丽・波平斯是我的偶像，是我在这世上最敬爱的人。为什么？因为在这部充满隐喻的电影中，她解释了我们无法改变事物，但我们可以改变看待事物的眼光，正是这眼光改变一切！

别搞错了，这不是屈从，而是开放，是一种高瞻远瞩、拒绝短视的能力。接受生命中发生的一切……

这也是来自英语的外来词“意外发现”试图表达的，英语是serendipity，法语中没有这个词。这个词的意思是“意外发现的天赋”，是18世纪的书呆子霍勒斯·沃波尔（Horace Walpole，1717—1797，英国作家，代表作有《奥特兰托城堡》）创造出来的。

“意外发现”本身就是个很美的词，如果大声读出来，我们听到的是“宁静”，让人非常向往。“意外发现”是指寻找某一样东西，却意外地发现了另一样东西。这需要真正的好奇心，即离开舒适区的能力：克里斯托夫·哥伦布本来想找到印度，却发现了美洲大陆；弗莱明在实验室霉菌中意外发现了青霉素；应用广泛的办公用品便笺贴的发明者，本来想发明的是一种强力胶；放射性是玛丽·居里提出的术语，她在做相关实验时偶然发现了放射线的特征……

让我们相信生活非常丰富，相信它的可能性远远超过了我们的想象。睁大眼睛观察。接受自己犯错，因为那是进行尝试必然有的考验，说明我们愿意接受风险。把错误当作勇气的表达，而不是应受的惩罚。容许自己展现出胆量，这个词我们使用得不多，胆量，即大胆地反对批评、抱怨。胆量是我们抵制低沉情绪和摆脱笼罩在头顶的阴霾的盾牌；当一切都不顺利，一切都糟糕透顶的时候，胆量就会点亮我们的生活，它让人害怕，但也让我们重获生机。胆量是了无生气的解毒剂。

克里斯托夫十八岁。上学？他毫不在意。高考？有什么用！学校是一场噩梦，能够读到高三全是因为他精力充沛的父母从未动摇过，但到了目前这个时候，他完全不想跨越最后一个障碍。他拖拉、抽烟、夜不归宿，但至少愿意为了让家里人安心而来见我。咨询的气氛很紧张，我们互相冲撞、互相争论、互相挑战……

我向他发出挑战、催促他，告诉他我理解他不在意的是高考而不是他的人生。面对人生，我们不用抱这样的态度，生命非常宝贵。当他说一些空洞的话，用一些虚假的借口，使用似是而非的混合词——那些词仿佛说明了一切又好像什么都没说……我就不断地对他重复生命非常宝贵。我一刻也不放松，不停地看着他，好像紧紧拉着我与他、生命与他之间一条结实的绳子。我只有帮助他的打算，却不知道该用什么方法，但我决不会放手。决不。突然，他不知道如何想到，问了我一个问题："你是怎么成为心理医生的？"我心里一阵激动，知道从这一刻起，一切都会改变。我调整思绪，向他解释。

目前，克里斯托夫正在读大学的心理学专业，同时在我这里实习。这就有点儿"意外发现"的意思。我们两个人中的任何一个人一开始都没往这方面想，却找到了一条事先并未预料到的出路。

弹性，一把真正的钥匙

抵抗，证明了你的存在

为了自我发展，我们的思想必须受到抑制[1]。如果不进行抑制，我们的智能就不会进化。抑制的意思是封锁、堵住通路。

我们经常会有一种信念或想法，我们以为那就是事实。但那其实是我们到目前为止所学的东西利用大脑的自动机制而产生的错觉。

想象一下，一个五岁的孩子，我们在他面前摆出一整排的筹码，每个筹码之间都留有空隙；在这排筹码的下排再放同样数量的筹码，只不过每个筹码之间的空隙较小。然后我们问他一个问题："这两排的筹码，哪一排的更多？"未满五岁的孩子会被自己眼睛所看到的欺骗，认为更长的那排筹码更多；年纪稍大一些的孩子，也会这样想，但这样的想法会被阻断，他会停下来，知道应该先数一数再回答。这就是思想的前期抑制形式，它可以让人跨出知性的、决定性的一步。

1 Olivier Houdé, *Apprendre à résister*, Le Pommier, 2014 et *Le Raisonnement*, PUF,《Que sais-je ?》, 2018.

我们的大脑和我们对现实的感知给我们设下了成千上万的陷阱，如果我们不知道这件事，就很容易搞错并误入歧途，成为自动化思维和现实错觉的玩偶。视觉的错觉也通过同一个原理玩弄我们。为了看到别人要我们看到的东西，我们必须努力与大脑抗争，把它引向另一个方向；大脑会努力反抗，因为按照它的习惯去看简单多了。我们是非常聪明的存在，但大脑却是二元的：什么让我快乐，什么让我痛苦？这是大脑唯一能够明白的语言。学术上所谓的认知冲突会让大脑筋疲力尽，所以它宁愿停留在自己的习惯里。我们就是这样被潜意识束缚，它给我们的思想、情绪、行为进行编码，让我们在大部分生活处境中使用。

抵抗，就是意识到那些看起来如此自然，却可能已经不再适合当前处境的思想。要抑制这些思想，我们需要清醒地认识自己，认识内在信仰、心灵深处的信念，它们要么被采纳，要么完全过时了。设定思想的航向，决定思想的命运，就是要夺回大脑的主控权。

“总是这样，我受够了！是的，我知道，这没用。我肯定……”你们熟悉这些随口蹦出来的小句子吗？在咨询过程中，这是我留心“寻找”的一部分。这很有趣，每次我在患者的言论中注意到这些自动机制，我就会告诉他，写在纸上，每次一听到这些句子，就打个叉。一开始他们根本无法控制，这些句子不受控制地从嘴巴里冒出来，接着患者会有意识地说："糟糕"，然后暂停一下，接着再来……慢慢地，这种自动机制就不再出现了。这听上去没什么或很肤浅，却是史诗般的开始，接着就可以开始搜寻在我们里面肆意而为的所有这些习惯性的思想——它们逍遥法外，且在我们根本没意识到的情况下运作，不管是在最好还是在最糟的情况下都是如此！

你们读到这段标题的时候是否能抵制弗郎斯·加尔（France Gall，法国歌手。本段的标题出自她的专辑《抵制》）的歌声浮现在脑中呢？很可能是的，不然你们就无法专心去理解所读的内容……你们看到它躲藏在什么地方了吗？

不管怎样，这是我的本性

我说了，你说了，我们说了，你们说了……有时这样说让我们安心，有时我们觉得自己很无能，其实总是因为我们这样相信："**这是我的本性。**"句号，结束，就是这样，没什么好说的了，我什么也改变不了。

这让我感触很深，所谓的脾性。这种老旧的想法和观念，在心理学的教科书里已经找不到了，尽管如此，我们每个人仍然相信。脾气很重要，几乎就像个性一样，但比个性更深。我们每个人都有点执着于脾气。女性杂志对此非常了解，时不时出一些问卷，让我们看看自己可以划分到哪个框架里。这加强了我们的信念，我们一定属于某一类型，我们把自己归为某一类人，这正是“证实偏见”希望我们做的，我们尽一切努力让自己更符合这一类人的特征，当然了，这些都是在我们毫无意识的情况下发生的。

这有时也是信念的沉重之处，也是我们必须极力摆脱的。

这是我的本性，还是我的一生都在不断重复差不多同样的行为？这种行为习惯从很早之前就开始了，每一天我都多做几次，今天比昨天多，明天比今天更多。

我们非常坚持“本性”、脾性、个性，并会迅速戴着有色眼镜去判断其他人：啊，是的，你啊，就是不喜欢人多的场合，这是你的本性；我发现你很顽强，这是你的本性；你在人群中总是自我孤立，这是你的本性；你不喜欢在公共场合讲话，这是你的本性……这，这真的是你。周围的人坚持这样说，这就再一次加强了已经深深印刻在我们心里的信念。我们的惧怕，阻止我们做出改变。如果我就是这样，这就是我，那么当我改变的时候，我是谁？别人会认出我吗？其他人还会爱我吗？

我们被祖宗编了程序，但表观遗传学可以解放我们

不，“祖宗”这个词不是调侃，也不是故作深奥，而是一个让人开心、值得分享的现实。我们所有人都在自然科学课上学过——啊，不好意思，不是自然科学，而是生命与地球科学课，我们都曾学过什么是基因。我们还记得那是什么吗？不确定，但我们记得基因有其历史，这些最开始、最重要的基因很大程度上决定了我们的发展。

所以，我们的基因给我们编好了程序，但这样的说法忽略了日新月异发展的科学，今天的科学告诉我们：是的，我们的基因携带了非常重要的决定因子，包括我们的后代、跟我们隔了好几代的祖先都带着这些因子。所以我们祖先的经历、创伤、独特性、命运，对我们都有影响。心理学家谱图说明了这一点，科学也证实了。这是好消息吗？是，也不是，因为这意味着我们仅有非常有限的自由。

然而，表观遗传学突然出现了，我们不得不重新进行思考。

确实，基因决定了我们的遗传，我们接受所遗传的一切，这不是秘密，单单从词源学上就可以看出来。但表观遗传学告诉我们：我们的基因就像硬盘，随着时间的流逝生命在上面留下印记，基因的表达就被更改了。这些印记有点像我们电脑的软件，用更通俗的话来说，我们的生活经历可以改变一开始设定好的程序，还有别的运行它的可能。此外，更令人兴奋的

是，我们会遗传给孩子的，是新的运行程序！

这是科学取得的重大进展，该研究囊括了我们精密的整个生命，而这生命是过去所结的果子，也是我们的前途和将临之事的承载者。

> 我之所以是我，因为你曾经是你，可是我可以变得不同，让我的孩子们因此受益，而他们也有翻转这个“遗产”的可能性，每份“遗产”都是唯一、与众不同的财富。生命一直往前……

柔韧如芦苇，坚实如松树

保持弹性，留有不僵化的可能性，不固执，不一直停留在固有的框架内。不改变习惯，是多么容易的事。所以，我们顽固地坚持，我们非常倔强。固执己见可能发生在日常生活的小事中，举个例子，有时完全忽略别人的论据；坚持要走某一条路，因为我们非常确定这是条近路，并且不愿意去尝试另外一条路；也有可能以另一种更复杂的形式出现，让我们不愿意进行尝试、测试、试验……造成我们无法改变看法，或无法让视野变得更丰富，无法经历另一种未知的感觉。这里正需要大家做到所谓的“放手”。放下我们习惯的思考、感受、经历和行为模式。退一步，所有一切都不再一样，我们的身体、心灵、大脑，都将不同。

弹性扩大我们的格局和视野，是一把保持心理平衡的钥匙。我们因弹性而变得坚强、强大，并拥有面对一切的能力，“一切”包括我们过去所经历的，当下所面对的，以及将来要发生的。弹性就是我们内在的柔韧性。

根基二

新心理学是潜能心理学

La nouvelle psychologie
est une psychologie des ressources

生活不是等待暴风雨过去，而是学会如何在雨中起舞。
——塞内卡（Sénèque）

耕耘花圃的艺术

喜欢打理花园的人都知道，杂草带来的是一场灾难，它们茁壮、顽强，坚持不懈地侵占我们的花园。我们双膝跪地，花很长时间去拔除它们，试图彻底清除它们，但它们非常顽强、富有生命力，我们知道过不了多久它们又会长出来。我们的辛劳从长期来看收效甚微。然而，如果我们种上自己喜欢的花，或者把我们喜欢的植物种子一排排地撒在地上，盛放的花朵或植物就会让这些杂草因缺少阳光和空间而无法继续生长，或只能勉强生长。

这画面难道不令人惊奇吗？它接近所有的心理动态。我们可以聚焦于困难之处，试图追溯那些让我们受伤的经历，执着于重新回想起那些创伤，希望消除啮噬我们的痛苦，或抓挠发痒的伤口；但我们也可以选择转身只看我们内里闪闪发光的东西，即我们内心已经存在的潜能。若我们忙着咀嚼、重新回想、不停纠结于我们已经不能改变的事，这些潜能就像农闲时被搁置的田地。它们也像我们前面提到的耕耘艺术中的花丛，只需要一点点的照顾、水，当然还有一点点爱，就会肆意绽放，最终占据越来越重要的位置，直至“糟糕的回忆”彻底被扼杀。

潜能心理学并非否认或遗忘糟糕的回忆或“杂草”，不是要把这些完全删除，而是尽量把它们的影响降到最低，升华它们。潜能心理学首先是一个邀约，邀请我们体内的潜能开花结果，但我们经常或绝大多数时候都忽略了它们。我们体内的潜能比我们自己想象的要多得多。

当我还是个孩子的时候，我的妈妈创造了一个“乖孩子花园”。她很擅长画画，在我们四兄妹的床头的墙面上，每个人都有自己的“花园”：精致的栅栏、高大的树木、石头砌成的花圃。每天晚上，我们都有一个仪式，妈妈有权在我们的花园里画一朵花，她的这个权利对我们来说像魔法一样。我们今天乖吗？乖孩子就有一朵漂亮的花。我们今天惹妈妈生气了吗？我们得到的就是一株杂草，我们也会很难过。妈妈已经理解了当代心理学的一切，可以说她几乎完全理解了，只是还得加上一点：花园里只需要漂亮的装饰，强调她鼓励我们时所感到的幸福；这样这个花园就能达到双倍的效果。这是今天的心理学已经证实的：使用有效的方法，正面强化就是改变的最佳途径。

从挖掘痛苦的“考古学”到潜能心理学

在过去进行寻宝

我们的过去，所有的过去，成就了我们的过去，也是潜能的巨大泉源。只是我们常常忘记这一点。我们已经习惯于不去看过去隐藏的宝藏，所以也找不到，我们以为过去只有悲伤、抑郁、障碍、遗憾、愧疚、尖锐或弥漫性的疼痛——这是我们对过去的思维定式。因此，为了摆脱这些，我们决定敲开心理咨询室的大门寻求帮助。我们把心理医生当作考古学家，他们拥有用于寻找、定位地下沉积物的所有工具，这些沉积物立即被定罪，没有任何无罪推论。很多人都认同心理学的“洗脑”很厉害，可是，为什么只寻找痛苦呢？

同样是这个过去，我们可以转化成生活中所需要的才能，那么多隐藏的宝藏一样啊……借着“清理阁楼”的机会，我们打开旧物箱子，翻出里面那些属于我们、曾经对我们很重要的东西进行清理，让它们重新闪闪发亮，把它们当作贵重物品陈列出来，吸引老顾客的眼球。它们虽是旧物，却是我们的骄傲，在对其感兴趣的人的眼中成为有价值的东西，他们甚至可能购买。这是一门把我们的过去实体化并进行循环利用的艺术，我们必须累积过去生命中的碎片才能了解这门艺术。我们不能在外面寻找自己的潜能，我们的潜能在内心深处。我们看不见、感受不到，并不意味着它们就不存在。我们沉浸在困难之中，也不意味着我们的潜能无法找到“生命的第二春”或成为生命的意图、我们的生命中时时刻刻存在着的意图。

> 心理学是一门修复的艺术。修复，不是摧毁一切再重新开始，而是根据现有的材料——我们每个人里面美好、普遍的材料[1]，除去腐朽，变为神奇。

我们是史前人类

人类的大脑通过个人的生活经历，历经许多世纪一直在不断变化。但从全人类的视角来看，我们知道大脑还没有完全适应这种改变。举个例子，当今无处不在的图像处理对大脑有着极高的要求，虽然大脑处理图像的区域在进化，但仍然不足以

1 为着美丽的画面感谢我永远的好朋友——法福，一个心理治疗师。

接受如此大量的图像信息。对于我们的专注力来说也是如此，在从早到晚不间断的信息轰炸中，我们的注意力系统筋疲力尽，勉强适应我们所处环境中的信息强度和更迭速度。我们的大脑运转得就像被我们嫌弃的过时的电脑一样……

从情绪层面来说也是一样。杏仁核位于我们大脑最古老的系统深处的一块小区域中，它是感知情绪，尤其是恐惧这一情绪的所在。遇到危险的时候，杏仁核会触发一连串的神经生物学行为来应对。这在史前时期是非常有用的，但在今天时代已经不一样了，杏仁核继续这样工作，有时甚至疯狂地工作，好像我们的生命安危每次都取决于它。

晚点火车综合征

［由于法国火车晚点的现象非常严重（尤其大巴黎地区），所以人们的印象中所有的火车都晚点，尽管总有准时的火车。作者以此来形象地描述人们总是倾向记住或强化负面的事。］

我们的大脑、内心、精神总是先注意到不顺利的事，这是人类没有代谢完的过去的残渣。我们注意到乌云，指出话语中的负面部分，发现错误，聚焦在让我们烦心、困扰、害怕的事上。我们第一时间总是先注意到这些。我们经常以为这是我们的脾气，但并非如此。你看你，总是注意到消极的一面。不，无关乎脾气，我们所有人天生就是如此，这是我们的自动模式，从神经生物学上来说本来就是这样，杏仁核导致我们如此。从中我们要学的重点是：要注意到事情顺利的一面，对我们有利的一面；要发现黑暗中的光明，密林中的小径，我们必须付出努力，真正的努力。我们必须朝着这个方向努力，一旦偏离了、忘记了或本性暴露了，就赶快拉回来。我们的本性非常急躁，一不小心就很可能带我们远离生活中的幸福。

生活的小确幸就在我们身边，触手可及，但我们常常看不见。睁大眼睛看到生活中的明亮点，会让我们的生活跃进另一个维度。经过努力，必得安慰，这句话听起来很像广告词，但我们确实需要，只有刻意努力才能注意到美好。“寒冬季节中，我终于看到了在内心深处有无法战胜的夏天。”阿尔伯特·加缪喃喃说道[1]。他道出了一切，这句话囊括了一切。我们必须朝着这个方向，时刻采取行动。

潜能心理学关乎什么？

潜能心理学首先是一种意图

一种强大、坚决的意图。意图即朝向已经确认的目标前进的倾向，让我们在远离目标时马上回到原来的路线中。它不是

1 Albert Camus, *L'été*, Gallimard, 1954.

行动的替代品，相较于果断的行动，它更是一种让我们一旦确认就采取坚决态度的动态倾向。目标在遥远的前方，而意图让我们在每时每刻采取行动。

潜能心理学的意图是改变焦点。我们不只在思想层面进行改变，而且让这个焦点不断扩散。我们不只致力于解决困难，而且激励自己寻找所有的可能性。那些隐藏的可能性，正是我们需要捕捉的。潜能心理学认为我们所有人都有不可思议的优势、无限的可能。潜能已经在了，在我们的里面，有时上面覆盖着被我们遗忘的层层记忆，我们有生以来沉淀下来的沉积物，所以我们需要好好刮掉这些覆盖物。是的，同样需要潜能心理学来“刮掉”这些，但不一定跟普通心理学在同一个地方、以同样的方式、带着相同的意图去“刮”。

意图也不是忽略过去——我们的过去、我们抓在手中的过去，因为过去我们如今存在着，过去是我们的生命能够更好生长的沃土。潜能心理学的意图聚焦在能够有效运转、让我们更好、给我们生命带来能量和活着的满足感的事物之上。

潜能心理学饮于积极心理学，却超越积极心理学

积极心理学是心理学的新兴分支。它诞生于学术研究，研究学者们就是创始人。他们试图去了解和发现让我们幸福、保持我们身体和心理健康的因素，他们研究的对象不仅包括个

体，也包括集体，即整个体制和社会。他们的野心是要改变人类吗？是的，有一点。这很好。

积极心理学得以面世，多亏了这“三剑客”：马丁·塞利格曼（Martin Seligman，美国心理学家、教育家和作家，被称为积极心理学运动之父）、米哈伊·奇克森特米哈伊（Mihaly Csikszentmihalyi，匈牙利裔美籍心理学家，提出了心流理论）、索尼娅·柳博米尔斯基（Sonja Lyubomirsky，美国心理学家、作家）。此外还有必须提及的第四个人：塔勒·本沙哈尔（Tal Ben-Shahar，以色列裔美籍教师、作家，专长于积极心理学和领导学）。

他们使用的方法很有吸引力，而且非常突出。他们思考的问题是为什么健康的人越来越健康。就是这个问题奠定了21世纪心理学的基础。当时我们刚迈入21世纪，就听到积极心理学第一声啼叫，带着喜悦的声音。

人们经常把积极心理学和库埃疗法（la méthode Coué）混为一谈，后者也被称为正面思想，这样的混淆有时掩盖了积极心理学的主要贡献。库埃是19世纪天才的药剂师，在他发明的所有方法中，现在我们保留的主要是不断对自己重复可以进行自我实现的预言，如我很好，一切都很好。这样的做法很聪明，因为如果我们认为事情可以解决，我们就会下意识地采取合适的措施，这样我们的生活真的会得到改善。而且这个方法就是安慰剂，能创造出神经生物学上的奇迹——库埃并不清楚这一点：如果我相信一切会变好，我的大脑就分泌出必要的物质，准备着去迎接更好的，这让我感觉好多了……可是——这个转折非常重要，正面思想会产生很多偏差。你们可能听过吸引力法则，这个法则认为思想拥有创造出我们梦想的生活的力量：根据正面思想的宗旨，我努力想着梦寐以求的房子，这个意图就会被记录在让梦想实现的宇宙中。我几乎没夸张……但就算有点夸张，谁又能声称了解生命所有的奥秘呢？

然而，正面思想确实带来某些负面效应，它有可能导致我们产生愧疚，如果我的思想决定了我的命运，我得为此负责，那么我也必须为降临到我身上的不幸负责……你们看看，这很复杂。

积极心理学跟库埃疗法毫无关联。积极心理学是一门经科学验证的心理学，让我们看见并向我们展示那些能够让我们在日常生活中过得更好的事。

积极心理学只有在我们使用它的时候才有效

积极心理学的概念看上去非常简单，几乎太过简化，我们很容易认同。我们很容易接受它的原则、证据，并举双手欢迎它，但很少有人真正去应用。研究也证明了这一点。这样的反差非常奇怪，一切证据都说明它有效，每个人都可以使用，但没有人真的去做……

举个例子，积极心理学证实如果我们每晚睡觉之前回顾一下一天的生活，想三件让我们感到开心或自豪的事，重新去感受一下，这会大大改善我们的心理状态，甚至有利于身体健康。可谁真的这样去做了呢？

积极心理学仿佛一个源泉，充满了创新的建议，对预防病症或真正地改善病情都非常有效；它属于公共卫生领域，是必不可少的。但有时人们似乎觉得它只是改善生活的简单指南，不足以实现其崇高的使命。积极心理学必须把人类心灵的复杂性和限制我们、引发最深动机的心理机制紧密地编织在一起，让它们趋于一致。积极心理学还需要往前迈步，跨进下一个阶段，并与我们的心灵编织出亲密的关系。

寻找失落的潜能

潜能是我们永恒的泉源

当我们提及潜能（即潜在的资源，下文提到的自然资源、经济资源、人事资源，在法语中都是资源“ressources”这个单词）时我们是在说什么呢？我们很快想到自然资源，地球上的能源，或经济资源，但如果涉及的是人的资源呢？不是拥有同一个名字的人力资源部，而是我们个人的、内心深处的资源……

我们的资源，就是深藏在我们里面的所有优点、技能、能力、才华和智力。还有我们的情绪，情绪是真正的财富，你们将会看到这一点。

可是所有这些资源，属于我们的资源，我们常常看不见它们。我们常常忘记它们，这令人非常困惑。仿佛我们的教育、让我们来到这个世界的力量、我们的生活方式令我们持续不断地朝向理想化的完美前进，却未让我们接触这永不枯竭、在我们内心不断喷涌而出的源泉。所有孩子，我们的孩子，也是同一个系统的囚徒。我们小心翼翼地让他们去注意所有不顺利的事情，以及所有需要改善的地方。我们不会花时间去称赞他们获得的小成功，这些日常的小成功就这样完全被忽略了；我们期待他们有大的成就，拿到看得见的奖杯，可我们完全忽略了所有那些真正组成生活的小成功，而这个组成生活的看不见的框架可以非常坚固，需要不断被强化。

我们的潜能正是这样的资源，它们始终就在那里，但我们太过经常地不去使用，因为我们怀疑、批判、内疚，并且害怕别人的眼光，害怕不够格……所以我们限制自己，给它们上了锁，锁住能够给我们打开一条通往自由之路的秘密资源。

潜能就像深水井里清澈见底的水，有时候我们需要丢一颗石头试试看才知道水是不是满的，因为肉眼有时候看不到透明的水。

生命原本就拥有潜能，而我们需要让它们开花结果。潜能就是我们的人性，让我们的价值永存。我们所有人都有潜能，我们都能从中汲取能源，我们可以沿途丢下小石头以找到回家的路（法国童话《小拇指》），就像“小拇指”一样。

情绪，我们的爱

我们怎么可以如此长久地忽略情绪呢？这些了不起的情绪牵着我们的鼻子生活，可我们怎么能像没看见一样？笛卡儿深深地影响了我们，我们大部分时候坚信理性与情感不是很好的一对，甚至认为情绪会扰乱我们，情绪不是好的建议者，我们要很小心。

接着安东尼奥·达马西奥[1]（Antonio Damasio，葡萄牙医生，神经学和心理学教授）来了，他是第一个清除所有这些过时信念的高级别科学家。多亏了他，情绪才得以重新回到舞台前，我们不能再忽略它们了。没有情绪，就没有智能；没有情绪，我们的行为就有可能伤害自己和他人；没有情绪，我们就会失去作为人的所有能力。

情商及与其相关的概念也一点点开辟出道路，我们慢慢明白了情绪不是我们的敌人，而是生活的盟友。

但说到底，情绪究竟是什么？关于这一点，我们都有直觉，虽然不一定清楚如何去解释它。情绪（拉丁文中是“在移

---

1 Antonio Damasio, *Spinoza avait raison. Joie et tristesse, le cerveau des émotions*, Odile Jacob, 2003 et *L'Erreur de Descartes. La raison des émotions*, Odile Jacob, 2006.

动”的意思）让我们前行，采取行动。情绪是身体机能为了适应情况而有的生理反应；情绪是从身体来的，首先是身体的反应。情绪是我们的指导，我们的天线。我们非常熟悉这些症状：喉咙发紧、出汗、心悸、腹痛、手心冒汗、身体发抖、心跳加快、刺痛……每一种情绪都有自己的“签名”和属于自己的特征。学习识别出情绪，即理解情绪发出的信号，分析所处的情况。情绪是我们的内部指标，就像路标指引我们的道路一样。

每个情绪都有一个作用：恐惧，为了提醒我们有危险；愤怒——不带有攻击性的愤怒，让我们保护自己的内在领域和价值观；悲伤，主要让我们在受到伤害的时候回归自己，转化痛苦，重建生命的空间；厌恶，让我们知道什么不适合我们；惊讶，使我们更敏锐于观察，以适应新的情况；最后，喜悦，是情感的女王，从生理角度来看是最强大的，它使我们沉浸在激素的海洋里，让我们看到生活多么美好。喜悦，让我们与世界融为一体，让一切变得皆有可能。

管理情绪还是不管理情绪?

这是一个专门的表达方式，但是我们必须得忘记。我们无法像整理文档一样去管理情绪，我们可以对文件进行管理，而后分类归档。从这里我们也可以看出对情绪的普遍误解以及人们对情绪的不良印象——我们应该对情绪保持警惕，情绪让我们混乱，并阻碍我们，所以我们必须摆脱它们！然而，我们必须竭尽全力扭转这些想法，那些都是过去几个世纪以来传承下来的，但神经科学已经彻底否定了这些想法。情绪是我们最重要的潜能之一，是我们的向导、盟友、活力，也是智慧的体现。如果没有情绪，我们每天都生活在危险的边缘。

> 从幼儿园的小班开始，感知情绪就应该成为最基本的学习内容。这种感觉我知道，这是愤怒，在我里面到底发生了什么？这样的刺痛，是恐惧……危险在哪里？在外面还是在我的内心？我感受到的这份激动、兴奋，就是高兴！我畅饮于其中，沉浸在其中，对此刻所经历到的敞开心扉。在我所经历的每个事件中，每个情绪都在点燃并照亮我，让我看清自己的生活，更清楚我是谁。没有情绪，我们就一无所是，也不能做任何事，如同行尸走肉。

如果这是从肠胃而来的呢?

直到最近，我们才知道肠胃是我们的第二大脑，是在环境中第一个起作用的器官。这个第二大脑我们也称之为“肠脑”，它在我们遇到情况时最先发出信号。肠胃可以在信息抵达中枢神经系统之前的几毫秒内接收信息，其渠道就是著名的迷走神经，后者是我们神经系统中最长的一条，也是能够引起不适的神经。难以排解的情绪，过剩的正面或负面情绪，出乎意料的不稳定情绪，这些都是大脑与肠胃之间的沟通出现了短路，让我们无法安稳。

肠绞痛、胃痛、肠胃胀气、蝴蝶在肚子里飞（原文直译，形容心动恋爱的感觉）……这些短语表达出了普遍的智慧，这是一种直觉。肠胃也是直觉的驻地，我们从肠胃去感受，我们这样描述：我感觉得到这是什么情况；我感觉不到这个人怎么样；在这件事上我感受不是很好；我感觉很差；我觉得很幸福……

学会把肠胃里发生的事跟我们的情绪连接在一起，让我们可以合理地确认：我就知道，因为我感觉到了。

潜能制造的秘密

我们都不平等，没有一件事情是平等的，这不公平，但这是真的。只有接受这一点就是人类生命的基调，我们才能获得前进的自由；如果我们无法接受，那么我们就只能走另一条路，活在抱怨、呻吟、无效的愤怒中。不公平，当然让人非常痛苦。为什么是我？为什么又落到我头上？但这些问题不会改善任何情况，只会强化我们的信念，让我们以为永远无法脱离这样的处境。社会心理学曾研究过这样一个现象，我们每个人都曾经历过，就是我们排队时总感觉旁边的队伍前进的速度比较快……负面偏见和错误的观察融合在一起，让我们产生自己运气不好的错觉，而我们的大脑总是优先选择这样的错觉。

每个队伍都在前进，所有研究都表明不管我们在哪个队伍中，最终抵达需要的时间都是一样的，但每个队伍都有自己的速度。我们每个人的人生道路都能前进，只是每个人都排着自己的队。但不管排哪个队伍，只要我们不用心，总会发生路阻的现象，我们就只能待在原地一动不动。

我们出生的时候都带着个人“资产”。我们知道血清素传递素有多有少——血清素是让我们感觉良好的激素，因此每个人感到平静的比例也不平等。智力也一样，不是所有人都有同样的智商、同样受教育的机会、同样的认知能力。智力可以是一个具有决定力的资源；体能、耐力、外表，所有这些不是我们出生时平均分配给我们的优势，而是我们可以依赖的资源，是被基因决定好的。这些都是真的。

可我们的生活经历可以改变这一切，我们的情感、社会环境，我们的成就、成功，鼓励、自豪感、分享的喜悦，所有这些都能给我们的安全感提供原料，而安全感就是我们内心最大的资源。

我们的大大小小、看得见或看不见、坚定或不安、接受或放弃的选择，所有这些选择都具有决定意义。在我们追逐梦想、完成生命的使命、后悔没有进入应许之地、为无稽的生命感到哀伤时，我们都在给这生命的资源提供材料，我们都在让它变得丰富，抛弃它、清空它或填满它。生命中的每一个经历都把我们塑造成我们今天的样子，以及明天能够成为的样子。我们就是自己所做选择的总和。

最能蚕食我们的潜能的害虫是什么？比较，是我们拥有的最普遍的倾向之一。邻居家的草坪总是比较绿，我们都宁愿不看自己有的可能性，而专注于自己没有的东西，并因此感到痛苦。这样的假象让我们有时进入疯狂的对比，而且我们总是失败者，在这样的比赛中没有终点线，因为总有人比我们更好、更大、更强、更高，比较让我们的生命失去色彩。

我们的潜能，就是我们所承接的、我们所制造的；我们从出生就拥有的，在无忧无虑时所燃烧的能量；生命赐给我们的礼物，也是我们自己发展出来的。

我们手中握有自己的潜能，那是位于我们的心脏旁边的“爆破管”，人肉“地雷”，专属于你。潜能就是反应堆的核心，我们的反应堆，它推动我们，而我们必须为此负责。潜能和生活一起，附着在生命之上，与生命共生。

一、二、三……潜能！

我们可以列出几乎所有的潜能清单。有些潜能已经被科学研究过，科学证实了它们的有效性，以及它们能够带来的好处；另外一些则更隐秘，我们对它们还没有那么了解。后者将来也会有其荣耀的时刻吗？或许。但我倾向认为人类得保持一部分的神秘感，难以被研究透彻，有时放弃也不失为一个好的选择。如果一切仅由神经系统的程序决定，那么只要设计好一个程序去应用，所有一切就可以改变了。

我们的许多潜能都很微妙，我们需要去感受、去体验。我们需要用身体、心灵而不是大脑去感受，但我们有意识的决定可以强化潜能，对潜能进行补给，或追踪到它们。这是炼金术，生命的炼金术，万物时时刻刻相互连接在一起。

潜能希望我们幸福，并让我们经历幸福

积极心理学的研究让我们看见潜能带来的力量，科学证实不管是我们天生已经拥有的潜能，还是需要开发、有望结出果实的潜能都会带来力量。所有潜能都可以被展现出来，只要我们与它们站在一起，它们就会为了我们结出果实。

—— **乐观** 乐观让我们敞开心门，为自己的行动负责，把我们的注意力转向正面的方向。乐观让我们较容易看到生活好的一面，我们越发现生活美好的一面，就越容易进入良性循环看见生活的美好。乐观，即期待最美好的事。

—— **希望** 人们说希望让人活下去。希望就是我们坚定不移地相信，即使在最糟糕的时刻，我们总能找到一条光明的出路，那是未来的盼望。希望是我们的动力，让我们达到短期

或长期的目标，让我们确信隧道的尽头就是光明，让我们在左右摇晃时仍然能够站立得住。希望是认知和情绪、决定和内在确信、自信和对生活的信心的混合体。希望不是消极、放弃、屈从，而是我们面对生活的一种眼光；它可以带来盼望、坚定的信念，是可以移山的信心，是支撑我们并让我们燃烧的火焰，就像壁炉中的火焰一样。

—— **对自己的仁爱** 我们常常听到这种说法，但我们不能因为它流行或跟其他任何东西混在一起讨论，就忽略了它的深层含义。对自己的仁爱，是一种极好的倾向，就是我们被自己的痛苦触动，就像被别人的痛苦触动一样。对自己的仁爱、同情，就是原谅自己，最终能够不再评判自己，安慰自己，能够爱自己。[1]

—— **感激**[2] 说声谢谢能改变生活——我们自己的生活，无法穷尽的改变。感谢阴暗的天空中洒下的一缕阳光，感谢你在这里，感谢这个舒适的枕头，感谢一切平安，感谢那个微笑，感谢你让我做了这些事，感谢你向我伸出手，感谢这块热面包。谢谢，谢谢，谢谢……我们时时刻刻都有千万个机会说谢谢，或者为生命中这些大大小小的礼物感受到无限的感激。科学家用更时髦的方式称呼感激，即把注意力引向感恩的方向；感激就是这样的意图，再一次或总是让我们刻意去意识到

---

1 Kristin Nef, *S'aimer. Comment se réconcilier avec soi-même*, Belfond, 2013.
2 Rébecca Shankland, *Les Pouvoirs de la gratitude*, Odile Jacob, 2016.

或把以下的想法整合到我们的思想中：生活无限慷慨地为我们提供许多小确幸。生活中虽然有很多曲折，让人头晕目眩，有时也置身于悬崖之上，但当一切似乎都不顺利的时候，学会说谢谢是我们可以尽情去做的选择。感激带来的益处非常多，甚至有治疗效果，感激非常可观地给我们带来健康、幸福感、对生活的满足感。只要想到这一点，我们也应该被说服，每天说上千次感谢。带着自己的小毛毯，说着谢谢再入睡，可以改善睡眠质量和失眠的情况。是的，就是简单地说一声谢谢。你们应该明白我说的不是礼貌性、符合社会礼节的谢谢——这当然也有它的重要性，但不在我现在讨论的范围内，我所说的是耕耘我们的内心花园。我们的寿命会因此延长七年，谢谢！

—— **意义** 即我们赋予生命以意义。赋予我们正在从事、所行之事以意义，是推动我们充满信心、决心在广阔的生命领域往前走的力量。我们都害怕这个领域，所有人仿佛都在一丝不挂地前进，这样的裸露似乎让我们的抱负变得灰蒙蒙的；虽然路上有寥寥一些路标，那是我们的文化、社会、教育、经验、信念所树立的，但海市蜃楼般的幻象常让我们措手不及。我们颤抖地摸索着前进，也会迷路走错；意义就是留下脚印的我们自己，是我们自己赋予生命以意义，没有人可以替我们来回答这个关于生命意义、深不可测的问题。那些有信仰的人，不管他们信的是什么神，至少都获得了某种形式的保护，更少暴露于无意义的虚空感中。就算这解释起来有点儿复杂，你们可能也怀疑，但研究已经证实了这一点。在生命行进的道路上，意义与成就、使命叠加在一起——超越我们的使命，这些使命不见得有多伟大，但必须是我们在意的，比如说，照顾孩子、邻居、家庭，做面包，做好事，捍卫某个利益，加入某个团体，献身于某个事业，护理，帮助，陪伴，创作……所有的使命都是创造，是指明我们方向的灯塔，让我们避开危险，照亮前方的道路。

—— **原谅** 宽恕，这个字眼很强烈，也很复杂，却常被嫌弃。它经常暗示着束缚和道德感，它的意思经常被曲解，所以我们只会从放弃、屈从、宗教上的赦免来理解。实际上，原谅非常需要勇气，是承认、真正去承认我们受伤了，我们很痛苦，承认因为别人的错，我们确实成了受害者。原谅就是放弃报复的权利，决定去爱。不可能？不可能原谅这种行为、罪行、道德沦丧、屈辱、背叛？确实很难，是的，极其困难，但真的非常值得。原谅不是遗忘，不是掩盖他人或情况，不是放弃、找借口、弱化严重性。原谅可以分两个步骤：第一步是承受痛苦。感受、释放愤怒，给自己一些时间，我们需要这个时间，避免出于恐惧、仓促、为抹除记忆而太快原谅。假装已经忘记会滋生出更大的痛苦。第二步是接受。接受，因为过去的事我无法改变；接受我的伤痕，接受我的经历，接受别人对我做的事令我觉得很可怕且难以忍受。当我接受生命的创伤，我内心的空间扩大了，我也就重获自由。复仇的欲望、怨恨是灵魂的毒药，就是这些感觉让我们成为囚犯，就像引鱼上钩的鱼饵一样。怨恨让我们不断回到自己如此受伤的感觉里，无形中阻碍我们看到生命、此刻不断前进的生命继续给我们酿造的美酒，让我们以为生命中只有伤害，看不见也经历不到生命其余的部分。我在原地踏步，不再前进。原谅，就是自我释放。原谅很难写，也很难让人理解，因为提出原谅和报复的欲望、拒绝采取行动，本身就非常难。只是，原谅带来许多美好，包括让我们身体健康，感到幸福，保持良好的心理平衡，获得安宁，充满安全感。懂得原谅，就是懂得爱。懂得原谅，就是让生命恢复原有的力量和动力，以及原有的丰富。

—— **相信自己的个人能力** 即使很困难，我们也需要感到自己有效率，对自己说“是的，我可以”。我可以做，达到目标，获得成功。这样的信念，是从我们大大小小的成功而来的，是从我们已经做到并感到骄傲的事以及别人也为我们感到骄傲的事而来的。为了激发我们相信自己很有效率，起初我们周围的人的鼓励就显得很重要：“好棒，非常好，你做到了……”这时我们就能慢慢地认同这些称赞，并激发我们内在的潜能，强化我们的潜能。这是一种让我们专注于自己的潜能，潜能当然与自尊有关，它们的关系非常近，甚至成比例关系。我越觉得自己有能力，我的自信就越强，我的自尊越健康，我就越成功。

是否感到自己有能力具有决定意义，我们自己也得为这种感受负责。如果我们认为无论环境如何，自己永远不可能做到，这样的感受会吞噬我们个人的效率感。“我什么都不是”

就是致命一击。我们的行话称之为元认知，即我对自己所想的、所做的、所持有的想法。负面的元认知阻碍我们的能力意识，让我们无法有所成就，是压力的主要产生来源，这种压力极具破坏性。从神经生物学上来看，压力让我们无法施展能力，即使我拥有这方面的能力，压力也会让我无法正常发挥，这样我就会立刻对自己回馈道：我知道我做不到——恶性循环开始了。反之，如果相信自己的能力、潜能和无数可能性，则会产生预期的效果：路障被清除，连接被建立起来，我们可以找到通往内心宝藏所在之处的路——良性循环就开始了。这样的信心是我们的同盟，会帮助我们，它让我们更确信自己拥有能力，这样的信心像神圣的财富一样。

“我是悲剧女王，非常绝望。我尝试了各种解决方式，甚至向心理医生道歉，因为过去经历过重创。我尝试解开一切问题的结，探究与家庭、父亲的关系，与母亲之间是否有某种情结……花很多时间寻找这‘原罪’的来源，可是我仿佛被世界抛弃了一样。”

这个病例一开始就很复杂。二十四岁的苏菲是ENS[1]非常优秀的高才生，却常常感到不舒服，睡不

1 高等师范学院。

着，吃得很少，无法与人建立关系。她的痛苦需要被温柔地安抚、接受、尊重。但我们能做什么呢？再听她讲述一次她的过去、她的生活、她的童年、她的迷茫？从这一堆混乱中最终找出一条对的线？“我说了所有的事，但讲述并没有让我变得轻松。”她补充道。那我们改变一下焦点：“你喜欢做什么？你擅长做什么？在生命中，你什么时候感到最自豪？你最主要的优点有哪些？你有什么才华？让你高兴的事是什么？”

苏菲露出疑惑的神情，她跟我说，这不是心理医生应该问的问题。不，这本来就是心理医生应该问的问题，在所有情况下，面对所有患者，不管患者的困难或病情是什么，总是得问。这是一个强而有力的治疗途径，是一个基石，我们在其上进行建设。这带来一种可能性，虽然可能很少被使用，但可以让我们使用潜能做出自己的身份定位卡片。这也能让患者从另外的角度、用更光明的角度看自己，即使对他自己来说那是隐藏的一面。我们都有双面性，没有人仅用自己的困难和不为人知的部分来定义自己。跟患者说：我相信你有力量，有能力，有提升的可能性，有韧性，有丰富的个性，可以改变一切；我相信这些，也邀请你跟我一起来相信，我们两个人一起会变得更强，我们可以打败敌人——你的敌人，很有可能我们最终将获得胜利，因为我们愿意努力恢复巨大潜能的位置，它自己所选择的位置。这是我们的职业、我们的任务。

苏菲接受了我的鼓励。她列出清单，画出图画，甚至做了海报贴在书桌上面；她在睡前回顾一天中让她觉得骄傲的事，记下那些让她觉得自己很强、有力量、有能力的时刻。慢慢地，她重新开始吃饭、睡觉、大笑、爱别人。三个月后，她从最难的法语考试中脱颖而出。现在，苏菲整个人光芒四射，眼睛发光，她一直都是女王，只是这次不再是悲剧女王，而是美丽的皇后。

告诉我你的优点，我再告诉你你是谁

我们有优点，不仅仅有缺点！

我们很熟悉“优点”这个词，并在不同环境下使用这个词：空气或水的质量、生活质量、菜品的质量、接待的质量……还有“质量”标准，包括在管理领域也使用。人们也可以作为公民、议员、某种利益的代表……质量似乎可以定义许多事情。然而，你们知道在几分钟内用你最主要的品质形容你自己吗？告诉我你的优点，我就告诉你你是谁！有时候我们会跟青少年玩这个游戏，因为青少年总是喜欢进行自我探索。但之后呢？我们学习聚焦在不够好的地方，我们弱化自己的缺点，注意别人激怒我们的地方……人性就是倾向于寻找错误。然而，心理学也“解决”患者的“困难”、“车行驶出正常轨道造成的事故”、造成损害的羁绊，如果心理学的角色转换一下呢？如果潜能心理学让我们转向自己的优点呢？我们的优点也形成了我们的独特性，我指的是我们所有人可以挖掘那些不会让我们自己内疚的优点。列出优点的清单，表现出优点时进行自我肯定，感谢优点的存在，它们不会伤害任何人，也不是什么罪。我们很友善、慷慨、可爱？去感受自己的这些优点，肯定它们。不需要否定。你们看，你们已经开始想自己的优点了吧。我们开放、诚实、可靠、真诚、随和、完美，这些都是了不起的优点。有效率、优秀、机灵、聪明、好奇，也是优点，我们需要认同的优点。

优点组成了我们的内在身份，即使我们自己都忽略它们，即使我们觉得它们不是最重要的，即使我们得接受自己还有许多缺点。是的，就看你怎么解读了：如果发现缺点也是一种潜能呢？缺点有一个功能和角色，就是给我们发来信息，告诉我们可以观察、探索它们，从有建设性且带着希望的角度使用它们，从而帮助我们前进。我们的缺点也是一种财富。我们的朋友会说：我爱有优点和缺点的你。缺点让我们不再完美，这就是人，独特的人，这才好啊！

我们学会的是不要夸自己的优点，不要炫耀，甚至要把它们掩盖起来或者怀疑我们是否真的拥有它们，怀疑它们给我们带来的好处，怀疑它们在我们的关系中、行动中、所成就的事情中是否真的有积极的帮助。我们在生活中应该积极去拥抱自己的优点，爱它们，给它们属于自己的位置。优点是一种潜能，需要我们去感受，不断去感受、真正去感受，经常、无止境地去感受。尽情享受不要有限制啊！

释放创造力

创造力是我们大脑的高级功能，与情绪和冲动有关，情绪赋予创造力以脉动，冲动赋予创造力以节奏。大脑产生很多点子，大脑具有创造性。我们所有人都有创造力，但我们通常不知道这一点。我们禁止自己这么想，或者我们对此进行否认：这个想法不成熟；如果这是个好的想法，大家一定已经想到，肯定已经存在了。在心理学上，创造力也叫发散性思维，它让我们突破已有的框架，超越我们已经习惯的坐标进行探索。

更重要的一点是我们需要知道：想法有自己的生命……当我们有一个想法，不管这个想法的性质如何，是有计划的还是突然想到的，在办公室或在浴室想到的，想法一旦浮现出来，我们总是很快就会忘记，这也算是好事。想法有自己的动力，有些自己会铺展开来，有些有自己的路径，有些会实现。这些被实现的想法，可不一定是我们最相信的！只是这些想法遇到了对的人，前者与后者进行同步，大门就这样敞开了……为什么？因为生命就是如此！而那些从未被实现的想法，就成为实现其他可能性的沃土。没有一个想法会消逝，想法总是坚定地支撑我们的思想，推动其他想法，让大脑更有活力更具创造性，也带来更多对我们有益的激素。创造力很好，有益于健康。我们必须鼓励人们不断发挥创造力这个才能，它是值得培养的潜能，不应该受到任何歧视。创造力让我们每个人去探索、发现新的机会和新的生活方式，那些我们以前从未发现过的生活方式。

向自己完全在场、充分意识到的生命行进，完全活出此刻的生命

在场，对于正在经历的事完全在场，连接于此刻的经验，这样的能力是已经被绝大多数人接受的潜能心理学的一部分。全球成千上万的科学研究都致力于研究正念冥想，以及专注当下带来的许多好处。为什么有成千上万的研究？因为充分意识到当下是我们的态度、能力、存在及生活方式的总和，让我们可以面对许多艰难的挑战。在这些挑战中，最难的就是活出自己的生命，从生存模式进入生命模式。

我们总是忙于回忆过去，沉浸在过去中，并为过去所发生的事后悔，总是对自己说："早知道这样……"我们总是连接于已逝的过去，过去是我们最大的瘾之一。未来，很近的未来或较远的未来也这样深深地吸引我们。我们为明天做准备，仿佛明天是我们的爱人，我们欢天喜地地想着："将来我若是……我若有了……我若能够……那么……"生命会重新来过吗？没那么确定。假设我们为某个特殊事件规划好每一个细节，最终事情完全如我们所预期的那样进行，认为这样的情况存在的人请举手。没有人？是的，没有人，因为——明天如同我们所预期的——这种情况非常少见。可是我们花难以置信的时间重新思考昨天，而昨天已经完全不可能改变了；我们为明天做准备，会唱歌的明天。哈佛大学最近的一项研究向我们发出警告：我们有49%的时间在思考，即我们人生的一半时间。而同时，生活、生命，就在当下。生命在此刻进行，就在我们所在的此地，脆弱而珍贵的时间空间。当下稍纵即逝，因为我们的大脑总是自动地带我们回到过去或思考未来，这是大脑的"编程"，它不知道该如何处理当下。要连接于当下，必须要有意识地去做这件事。我在这里，我感受得到，只要我意识到自己的心思在游走，在这个特别的时刻我的思想已经跑了千百个地方，我就不断地回到这个感受里。我需要回归，温柔地、友善地回归，回归到我的感受、我的身体、我此刻的经历，在我的里面，在我的周围，在这里，就在这里，就是现在。

让心灵、身体、大脑排成直线[1]，带着我们存在的一切——我们浓郁、强烈的存在，抛定灵魂的锚。这看上去那么简单、那么容易，事实上却是一个很难的练习，非常需要我们投入耐力、信念、谦虚、安静，也需要练习。但这不是市场营销的手段，而是能够改变生命的练习[2]，正念冥想能真正、深刻、扎实地改变我们的生命。它是一件非常严肃的事。我们可以一笑而过，甚至嘲笑它，把它晾在一边，但它确实是迄今为止我们能够找到的让我们从窒息的生活中抽离出来，清醒地活着的最好方法。现在正念冥想确实很流行，它的起源和所用的美语——mindfulness对此贡献很大。正念冥想被当作一种让生活更健康的运动是当下流行的趋势，医生可以将其写进处方里，这对人类来说是一种福气，我一点也没有夸张。冥想不是遁世、自我感觉良好、自我成圣、极度以自我为中心，也不只是抗压、抗疲劳、抗失眠或其他任何治疗相关不适的技巧，而是一种态度，让我们向其他人、向生命开放，激发我们对他者的仁爱、对我们所拥有的一切的感激之心以及对人性的同理心。我可以用大量的篇幅来描述正念冥想给我们带来的令人震撼的效果，它让我们更专注、更有动力、更容易投入、更有活着的满足感，拥有更健康的身体、更好的人际关系……但在这里我只想

---

1 感谢我的丈夫阿兰・法金，创造了这个3C（心灵、身体、大脑，这三者在法语中都是C开头）概念。

2 Jeanne Siaud-Facchin, *Comment la méditation a changé ma vie... et pourrait bien changer la vôtre !*, Odile Jacob, 2012.

强调一点，不容忽视、非常重要且令人兴奋的一点：冥想让我们自由。当下是唯一属于我们的时刻，下一分钟不属于我们，所以在此刻我们做出选择，做出所有我自己的选择。我观察自己的情绪、思想、自动思维，然后进行选择。我选择我是谁，决定我可以成为谁，想成为谁，做什么，怎么做，以及为什么做。就是在此刻，仅在此刻。我对昨天已无能为力，明天还是未知，但在此刻，我可以全然投入，我可以改变，我可以前进，我可以好好地生活。

冥想本身不是目的，也不是万能药，无法治愈所有的痛苦，如果我们认为冥想无所不能那就太天真了，但对自己完全的在场、刻意关注，确实是取之不尽用之不竭的能力。我们越是聚焦于自己的存在，就越深地连接于自己的潜能，就越容易释放我们的潜能，就越有安全感和自信，就能越深地扎根于人性。

最后需要提一句，当下也不是万灵丹。过去建造了我们，我们需要去爱它，回想过去的时候我们需要带着愉快的心情；未来则需要我们去规划。活在当下不是买椟还珠，而是在这个当下让自己完全在场，这不是一个选择，而是必须的。

心流（flow），幸福的最佳体验?

关于心流，若我们好好梳理它发展的剧情和充满希望的结局，就会发现这很像一个仙女的童话故事。以前，在20世纪

90年代，一个匈牙利裔美国心理学家，他拥有公认的才华，却拥有很难发音的名字——米哈伊·奇克森特米哈伊[1]。他在哈佛的实验室发起了一项有些疯狂的研究：二十五万个问题，五千名来自八十三个不同国家的八岁至八十八岁的参与者。想法很简单并有启发性，就像其他所有好的想法一样：为每个参与者配备一个警报器，这个警报器可能在一天的任何时候响起。

警报器响起的时候，每个参与者都需要回答三个问题：你正在做什么？你专注于所做的事吗？你的感觉怎么样？

得出的结论是，人们越是专注于所做的事，就越投身于其中，也越容易感到满足。沉浸于当下就这样完全地连上了幸福感。

当我们面对挑战，需要完成较为艰难却与我们的能力相匹配的任务时，只要我们相信自己有成功的能力，就会产生所谓的心流，即最大化的专注力。只要我们在生活中全神贯注，身边没有其他任何事物可以影响我们，专注力达到顶峰，我们就会感受到让我们欣喜的强烈的心流，我们所有人都感受过。不要放弃，我做得到，再努力一下，再多一点点，再加把劲儿……成功了！强烈的感受像爆炸似的淹没我们，在我们的里面释放包含了内啡肽、肾上腺素、血清素的激素鸡尾酒。哦，我还忘记了其中最重要的一种激素，那就是著名的多巴胺，我们所有人都知道这个名字。多巴胺激励我们、推动我们、引发

1 Mihaly Csikszentmihalyi, *Vivre. La psychologie du bonheur*, tr. Léandre Bouffard, Robert Laffont, 2004.

我们的动力并让我们坚持到最后；动机让我们努力坚持，而不是我们的坚持产生动机。

“他一点也不想尝尝努力的滋味……”我从失望的父母口中无数次听到这样的句子！可又有谁想尝尝努力的滋味，然后说：“嗯，这小小的努力味道好极了，我非常满足！”为了不在半路灰心放弃、忍耐着走到最后，我们能够努力，也应该有努力的意识。要有这样的努力，我们必须知道自己能够成功，必须尝过所期待的成功的滋味；因为只有品尝过成功的甘甜，才愿意再一次付出努力。要成功，我们需要……成功。这才是我们寄希望于孩子成功的动力、关键。那么我们自己呢？也是一样，动机是强大的推动力，推动我们全然沉浸于“有感觉”的东西——对能力的感觉、对生命的感觉。

做事的热情、完成的喜悦、成功的愉快，动机就是享受以上三种情绪的核心。动机就是推动我们的动力，这里的推动是从字面意义上来说的。动力的反面就是拖延、害怕。动力让我们感受到行动所带来的饱满的喜悦，我们先是处于紧张、悬而未决的状态，到后面感受到欢乐，这种欢乐不仅仅是一种纯粹的感受，还是发自内心的喜悦。仍然与心有关，感受总是连接于心。

发现、再次发现、辨别、寻找自己的一种或多种动力和愿望，这些应该是我们的意图的核心。创造条件让自己投身于所爱、感到幸福和满足的事上，给自己带来强大的推动力。

“你活着的热情是什么？”这是心理医生在第一次见到患者时就要问的一个问题。七岁的拿单问了我这个问题。他坐在我对面，不露声色、固执又难以捉摸。我提议交换下我们的角色，他坐在我的位置上，直视我的眼睛——他到了之后连头都没抬过呢。而他的问题直指核心，撼动了我：“你活着的热情是什么？”

我认真地思考了一下并试着去回答这个问题，他的问题鼓励我去深挖。跟这个拥有抵抗精神的孩子在一起，一切皆有可能。这个问题令人如此震撼，以至于直到今天我也时常在思考，但距离我跟他见面几乎已经过去二十年了。你们或许已经明白了，这个问题是我跟患者在一起时的护身符，它可以有无数种变化。

阳光盒[1]，或如何抓住无数细微的小确幸

这是寻宝，真正的寻宝。这个概念最基本的想法还是一样

1 Albertine Deletaille, *La Boîte à soleil,* Flammarion,« Les albums du Père Castor », 1954.

的：刻意把注意力、眼光、心思放在生活中的小事上，甚至要调动身体的感受性——身体最能够接收到那些信息。生活中那些微小的时刻，充满了感激、愉快、喜悦、温柔。活着的小确幸点缀着我们的生活，但如果我们没有用投入的态度去注意、抓住、捕获它们，它们就会从我们眼前滑过，不留下任何痕迹。这些小确幸短暂、稍纵即逝，我们很容易忽略；而大的幸福不需要这么多的专注力，我们很容易就能看见它们，辨识出它们并沉浸在其中。而小确幸相对微小得多，可正是它们在我们的生活中创造出大写的幸福。小确幸由日常生活中小到不能再小的事情组成。

我很喜欢“阳光盒”的故事，很喜欢它的意境。

故事里的小女孩想为哥哥的生日准备一份礼物。她有个了不起的想法：送他阳光！她拿了一个盒子，带有滑盖的盒子，一整天都在花园里嬉戏捕捉阳光。她打开盒盖，再关上，用这个方法捕捉每一缕细微的阳光。小女孩非常专注，她的哥哥感到很困惑，他不明白妹妹到底在做什么，况且妹妹还把盒子藏到了身后。“这盒子里到底有什么？”他问道。小女孩调皮地回答：“用我盒子里的东西，我们可以创造和改变千千万万的东西。但你必须等到今天晚上。”到了晚上，小女孩拿出盒子，就在这时……发生了令人难以置信的事：盒子在发光！光线从空缝隙里流溢出来！小女孩赶紧冲到哥哥的房间里，她仍然紧紧抓住盒子，她还是有些害怕的，因为她知道这是不可能发生的事。她和哥哥带着疑惑打开了这个突然被施了魔法的盒子……原来，盒子里住进了一只萤火虫。

阳光盒非常重要。我们需要在内心深处准备一个这样的盒子，把那些幸福的碎片珍藏起来，让它们尽可能长时间地发光。

我记得八岁的马蒂厄，他因为紧急情况来见我。他坐在我对面，情绪彻底崩溃，哭到停不下来。他一直哽咽着。前一天晚上，他还跟父母一起安静地看电视，之后亲了他们，然后就去睡觉了。接着今天一大早悲剧就发生了，他的父亲还很年轻，却突然因为动脉瘤破裂猝死了。可怕的突发事件。我坐在他的对面，淹没在他的眼泪里，感到十分无助。

我可以做什么帮助他？当心理医生有什么用？当然，在我的专业领域，我学过许多理论，累积了大量知识，受过训练会使用许多心理治疗的技巧。在理论层面我很清楚如何减轻痛苦。

然而，面对这个哭成了泪人的孩子，他被悲伤淹没，我所知道的一切都没有任何助益。

所以我不再说话，集中注意力，深深吸口气，闭上眼睛——应该是闭上了，我记不太清楚了。最主要的是，我深深连接于内心最深处的感受，试图抓住一个想法，看看可以跟他说什么。

我沉浸在我的潜能中——真的是字面上的沉浸，至少我尝试着这么做。我知道自己无法安慰他。他才八岁，却没了爸爸！但我真的很想安慰他，就算只是些许的慰藉。我睁开眼，注视着他的眼睛，对他说："你知道，在你的内心深处有一座宝藏……巨大的宝藏。这个宝藏，就是你跟爸爸之间所有的爱，你们一起度过的时光，你们两个的亲吻、拥抱。你知道吗？死亡并没有带走它，这个宝藏会一直留在你的内心深处，在你生命中的任何时刻，在你觉得最困难的时刻，甚至在你长大之后，你都可以从中找到力量。这是你的阳光盒。"

马蒂厄看着我，几秒钟之内他屏住呼吸，好像时间静止了一样。接着又哭了起来，我们两个人都没有说话。

最近我又见到了马蒂厄，他几乎已经是一个成人了。他告诉我这一天，在眼泪之中，他感受到了不一样的温暖，我提到的宝藏给他留下了深刻的印象，他总是记得这一点，这给他很大的帮助。

阳光盒多么重要啊！在生命的每一刻，我们都需要把它装满，这应该是我们生命的意图。每个人都可以捕获阳光。

潜能，我们的平衡

阳光盒无法阻止生命中的不幸，也无法避免痛苦，但是可以减轻不幸和痛苦，不断扩充潜能，让我们从潜能中汲取力量，不至于感到整个人被抽干而被不幸淹没。难怪我们经常听到有人说：“我整个人被耗尽了。”拥有阳光盒的意义就在于此：扩充潜能可以让我们在被痛苦蚕食、一切非常糟糕的时候重建平衡，一点点恢复或完全恢复。潜能是生命的储备仓，储备着能量。关注我们的潜在资源，就要像寓言中的蚂蚁一样。聪明的蚂蚁知道冬天总会来临，到时想吃饱就必须提前储备一些东西，虽然吃饱仍然会冷，但只有这些储备的食物才能让它度过冬天迎来春天。因为春天一定会来的，就算现在一切看起来毫无生机，但生命总是在不断地变化。一切都会改变，随时都在改变。

你期待怎样的幸福？

我希望自己忧郁，因我还未理解幸福的极致美。

——安德烈·纪德（André Gide）

讨论幸福，是不是太庸俗、太平常了呢？难道不是应该历经折磨、不安，才能有深邃的思考？难道不是应该变得狂热才能写作吗？令人惊讶的是，幸福好像无法与智力、创造力和思想并驾齐驱。在法国，这样的想法深入人心。而大学课程中没有一个章节，也没有任何一个大学老师会讲到幸福。幸福不属于心理学的范畴。是不是令人讶异？就是这样，我们进行护理，减轻痛苦，陪伴患者，诊断、医治病症，让病人复健，仔细观察痛苦，用谈话缓解痛苦，采用各种疗法、各种程序，连续几周跟患者约好咨询的时间……而我们不讨论幸福。如果我们的终极目标不是让患者感到幸福，探索如何生活得更好，那么我们到底在做什么？的确，在心理学中，我们不会用“幸福”这个词，我们更多地说到对生活的满足感，这种说法更高雅。准确地说，美国人更多地使用“幸福”这个词，因为对他们来说，心理学领域就是与幸福有关。

当然，我们与患者一同前进，改善他们生存的状态，这是必然的。但在很多时候，由于我们的行业内的一般想法是安抚患者而不是训练他们，是减轻痛苦而不是鼓励他们去想象，是让坚硬的心变柔软而不是达成某项目标。在我看来，我们似乎一直在打擦边球，忽略了患者对生命焦急的期待，痛苦的他们在暗中默默期待，他们所做的一切努力都聚焦于一个迫切的恳求：拜托，请你帮助我幸福！

心理学领域所做的事就是追赶幸福，期待幸福。是的，我们汇集所有能力，其核心的心理动力就是幸福。是的，我们必须依靠对幸福的所有认知以及为了幸福而采取的所有策略，才能找对位置。就是在心理学领域，我们必须面对、回应幸福给予的挑战。学过或仅仅理解人类心理的几大区块就以幸福专家自居，给患者提供整套的幸福方案或标准流程的说明，让患者填写一些表格或完成一些挑战，这些都无法保证他们获得持久的幸福。幸福是重新找到平衡，恢复柔韧性，再次找回个人的动力并由它激励我们。不管这些动力一样还是不同，它们总归塑造了我们的生命。这才是新心理学，我们的当代心理学。

然而，幸福确实不那么容易被抓住，真正的幸福或许跟我们所追随的不一样。我们总是倾向于提到未来的幸福："当……我将会获得幸福。"好像将来幸福会自动降临，并庄严地说道："你好，我是幸福，我知道你等我很久了。"不，幸福不是这样的。研究表明我们在想象什么能带给我们幸福的时候经常搞错。钱能带来幸福？不，研究证明并非如此。漂亮的房子、红色的汽车、阳光下的假期……也不是！那么是婚姻吗？有点相关，但只有结婚后的前两年会有幸福感，不会有更长时间。孩子呢？是的，有孩子的幸福可以持续三年，直到他们在生活上可以开始自理的时候，幸福感才再次出现。

我们还知道[1]，幸福与遗传有关。哦，这是不公平中的最大不公。而且遗传的作用非常大，占了50%的比例。就是这样，我们本来就不平等，绝不会平等。我们有一半的概率天生比较容易觉得幸福，也有一半的概率首先看到事情的阴暗面。

1 Sonja Lyubomirsky, *Qu'est-ce qui nous rend vraiment heureux ?*, Pocket, 2015.

外在因素，包括我们的生活地点、收入、所处的社会、衣帽间里鞋子或衣柜里大衣的数量、稀有宝石的首饰或仿真饰品、低成本或豪华的旅游，木头小屋或黄金宫殿、梦想中的工作或仅为了糊口而劳作、高学历或勉强及格……为了这些我们整日花那么大精力，至少能带来幸福，不是吗？糟糕！正式的研究指出这些东西只占我们幸福感比例中的10%。只有10%吗？是的。当然，这个数据与那些生活没有保障、食不果腹、居无定所的人群无关，跟他们提上述需求就太失礼了。但对于那些满足了马斯洛金字塔[1]第一层需求的人来说，他们的生理需求、安全需求已经得到了满足，那么看起来让我们想去获得最大利益的东西都只是诱饵，并非幸福。这就是坏消息。

绝佳的好消息是能够改变一切的，那剩余的40%取决于我们自己。取决于我们是怎样的人和我们的生活方式；最最重要的还是我们的投入程度——我们如何以自己的价值为指南针和方向，全身心地投入生命中。我们的价值观使我们顺风而行、随风起舞、追风而去，过上自己喜欢的生活，让我们的生活成为我们自己的代言。在这个部分，我们所有人都是平等的，或几乎是平等的。区别在于我们是选择投入生活之流，还是坐在河岸上看着它流过……这种选择的能力，每个人的区别确实很大。

1　在20世纪40年代，社会心理学家亚伯拉罕·马斯洛创建了需求金字塔，用以说明生命的动力。第一层是生理需求（吃、喝），第二层是安全需求（住房），再往上是归属需求（属于一个团体、一个社会、一个社群），第四层是自尊的需求（相信自己），最后一层是最终极、最崇高的需求，即自我实现的需求。

我的价值观，我的指南针

我喜欢价值这个有双重意义的词（“valeurs”这个词在法语中即代表价值观，也有珍贵的意思）。一件有价值的物品，在我们眼中显得很珍贵。我们的价值观是生命的支柱，是我们内心的指南针。价值观非常宝贵，只有我们认为有价值的事物才能让我们真诚地投入生活，与生活结盟，活出和谐。价值观指明我们的道路，指出适合我们的方向。活出自己的价值观，随着适合自己身心的价值观而动，感受生命丰富、充满意义。我们经常追寻生命的意义，我们的价值观就是我们生命的意义。知道自己的价值、找出自己的价值，应该是我们能够熟练做到的事情，只是我们常常不把这个步骤当回事，即使正是价值观照亮了我们。在感到受伤、生气、悲伤的时候，我们内心能够更加强烈地感受到价值——我们的价值也是界定出我们内心疆土的柱石。我们把信任当作非常重要的价值，可我们却被背叛了？有人试图侵犯我们的隐私？我们就会用大量精力进行自我保护，远离威胁。我们的价值观有双重的角色：它训练我们，推动我们，抬高我们，画出我们的生活轨迹；它也守护着我们作为人的完整性，深刻地建构了我们的身份。当我们不按照自己的价值观而行动、生活时，就会有被撕扯的感觉，就像指南针永远不放弃地指出地磁北极，我们的价值观也不断地把我们引向生命的意义。我们自己不也常说：我觉得被撕扯……这是文字的魔

力……（这是一个文字游戏，这里的“引向”和“撕扯”同字根）

我们所有人都有五六种主要的价值观。不知道自己的价值取向，就像随波逐流的贝壳一样，我们跟随别人的潮流，任生活摆布。完全掌握自己的价值取向，就等于最终有了路线图，它在每个岔路口都向我们指明该走的路，适合我们的路。真的，价值和我们的方向密切相关。这是我的生活，是我的选择。

心理学，改变航向

假设我们的终极潜能是天生能够转化所有的潜能，那该有多好！终极潜能即潜能中的潜能，是聚集和升华的潜能浓缩版，集合了所有精力、力量、完成事情的才华。我们需要经过锻炼才能识别出我们的潜能，学会热爱它们，为它们感到骄傲，宠爱它们，感谢它们。我们越是滋养它们，它们就越能在我们的生活中发挥作用，好像让磨坊的风车转动的水流，水流得越快，风车转得越快，就会带来更多的能量和更多的可能性。

当我们进入治疗时，要特别强调这是寻找潜能——我们的潜能宝藏之旅。心理医生应该朝这个方向走去，心理治疗不能只满足于修复患者的病痛，而应该投入于开发和丰富每个人的潜能，并让潜能结出果子来。要做到这一点，必须要有意图。是的，就是意图。心理医生已经被格式化，认为需要“在患者遇到障碍的地方工作”，所以需要非常努力才能朝着这个意图去发现、修补、寻找、美化我们每个人都有，有时却完全意识不到的潜能。

我们心怀感激，因为心理治疗看重这样的潜意识，即隐藏着我们的宝藏和无限可能性的潜意识。潜能心理学从未否认痛苦，它花时间用爱去安抚去呵护，但另一边也绝对不会忽略所有的潜能，这些潜能即使在我们最痛苦的时刻也仍然在那里，住在我们里面。我们转过头，往旁边走一步，寻找患者内在的燃料，即让他前进、重新开始的动力。这完全是另一种姿态，没有否认任何东西，只是扩大了可能性的领域，让患者与自己真正的身份和解。这样我们不会把他们简化为困难本身或他们的过去，他们可以也应该按着他们所拥有的天赋进行重新调整。这将带来令人难以置信的解放。

面对孩子和青少年时，我们在最初几次的咨询中都会让他们做一个半引导性的问答题，最初的一个问题跟学校相关。我很惊讶这个问题给父母和孩子带来最大的冲击：“什么是你在学校里的强项？”他们自动省略句子中的“强项”两个字，好像问题中没有这个部分，他们以为我对孩子的学校生活感兴趣，就是想知道有什么不正常的地方……这个问题也让孩子很困惑，有时我甚至需要让父母暂时先不要说话，因为他们总是自动回答："啊，这就是问题，我给您解释一下。"不，不是现在、马上就要回答问题。我坚持让孩子自己回答，他们通常很惊讶地问："你想问的是哪些科目我拿到好成绩？""成绩好坏不是重点，我想知道的是你觉得自己在哪些方面很强，你喜欢哪些科目。"

孩子的眼睛放光，开始说话。他说到历史、数学、运动、艺术……父母嘟嘟囔囔地说：看看你的成绩，或，艺术不能真的算一门课……有时，孩子尴尬地低下头，喃喃自语地说：我什么都不会。我就继续跟他强调说："我们不可能什么都不会，有可能你的强项是课间休息。你很会交朋友，很会发明新游戏，很会打架，捉迷藏很容易找到人，或者很会开玩笑，在班上逗乐大家……"从中理出一个线索非常令人开心；孩子开始有信心了，松了一口气。他抬起头，最终说出了自己的强项，我们一起细数发挥这些强项所需要的品质。我偶尔会转向父母，问他们："你们知道孩子有这些优点、才华、能力吗？"咨询室的气氛改变了。我们没有把困难当作切入口，我们把潜能当作一个管道。

我可以执着地再给你们出一个小谜语：心理医生说得最多的话是什么？这些话在心理咨询或窘迫的医疗咨询中每天

被重复成千上万次。你们都知道，也肯定都听过，“你有什么问题呢？”

带来治愈的关系

“彼此相爱”，“伸出你的左脸……”爱，我们听得实在太多了，总是带着点基督教的慈善气味，让人厌烦。人类最深的渴望仅仅是爱，渴望的同时又推开爱，令人多么难以置信的矛盾啊！我们所有人时时刻刻都在寻找爱与被爱，寻找建立关系，社交媒体、交友网站正是在这些空隙之间蓬勃发展，其中有人欢喜有人忧。我们的社会创造出关系的假象、爱的假象、拥有友情的假象……而这些假象带来的必然后果就是彻底的孤独……我在前文中已经指出，所有的研究都显示关系，特别是真诚的关系是活得更长久更幸福的决定因素。最新关于幸福的世界报告强调最重要的是能够真诚地依靠某个人[1]，一个爱我们、在我们需要的时候、在发生重大变故的时候，能够站在我们身边的人。伊壁鸠鲁曾经说过：友情就是最大的幸福。他在《主要格言》(*Maximes capitales*)中写道：“并非我们朋友的实际行动帮助了我们，而是我们知道可以信赖他们。”

1　美国哥伦比亚大学在联合国的支持下所做的研究报告《世界幸福报告》，该研究中有遍布全世界150个国家和地区的300人接受了调查。

让我们彼此联结，建立关系，关系带来治愈。心理学只能是建立关系、强化关系的学科，同时也是一个患者可以信赖的紧密的结构，仿佛一座联结的桥梁，如同安抚巾一样，让每个人有力量在大千世界中活出自我。

活着的欢喜

一旦尝过全身因为欢喜而颤抖的滋味，这个人就永垂不朽。

——若泽·耶罗（José Hiero）[1]

欢呼快乐，保持童心，为着小小的幸福或伟大的作品而感动，面向神秘、点缀着无限宝藏的生命打开眼睛、打开心扉。放手，相信生命本身——此时此刻的生命，充满信心。当我们去创造、去发现、去爱的时候，充满激情吧！让欢喜在我们里面跳动、啪啪作响、不断放大，尽情颤抖吧！对于欢喜，不要害怕，不要怀疑，仿佛它是必定会关闭的陷阱。

1 若泽·耶罗，西班牙诗人（1922—2002）。

我们都遇到过“扫兴的事”，它们把我们拖进它们制造的旋涡，让我们对生活的魔法无感，仿佛这样的魔法会让人失去主导权、失去控制。那么生命很危险吗？是的，所有生命都很危险，因为生通往死，死亡给我们带来生存的喜悦。我活着，谢谢！我在这里，谢谢！我还握着生命的缰绳，谢谢！我直到现在仍然活着，谢谢！只要我们相信一切皆有可能，幸福也是一种可能，活着的欢喜就是一种可以壮大的强大力量。活着的幸福感无法阻止厄运的来临，但会给我们带来安慰。神圣的安慰。

我们是自由的

我们可以自由地活出自己的存在，自由地走出自己的路，自由地决定自己的命运。我们自己来决定生命的意义。唯一真正的自由就是选择的自由，充满正念、完全清晰、无限信任地去选择。我们的潜能给我们资源、力量，并用爱、热情、信念养育着我们。

根基三

新心理学是整合的心理治疗

La nouvelle psychologie
est une psychologie intégrative

起初，复杂性

我们是千面人

你或许曾经有过这样奇怪的感觉——人们只看到或只理解你个性的某一面；人们坚持用某一类人对你进行分类，为此你或许感觉非常受挫。或许你曾为了让人知道自己不仅仅如此，进行过非常努力的抗争，可是情况太复杂了。

让人惊讶的是我们常常成为被简化的客体。这是有原因的，因为人们截取整体的一部分，不需要太努力，不需要太多分析，也不需要太多解释。我们是非常聪明的存在，可我们的大脑容易进行简化，大脑总是希望自己动作快一些，并进行规整。我们在超过80%的处境中，会自动启动对比系统[1]，这时我们就会听到你是这样的，或那样的，会听到“无论如何，跟你在一起总是这样”“你不会用另外的方式做……”。看吧，把我们等同于我们的一部分而论，让人非常受伤。我们经常是这种简化方式的受害者，而我们自己也常常这样做。

“你”浓缩了我们想指责或表扬的内容：“你真让人不舒服！”“你要求太高了！”“你真大方！”“你让人无法忍受，你很自私、爱撒谎……”“你很懒、阴郁、有喜感……”“你很了不起！”“你，你，你……”不，不，不！我可能是你口中的样子，可我不仅仅如此。我是个复数，不能化约为单数。

我们的内心非常多元，有时甚至自我矛盾，一天是白的，第二天则是黑的；可以是阳光的、阴暗的，强壮的、软弱的，令人舒服的、令人不适的；跟一些人很友善，跟另一些人保持距离。虽然对此我们自己很清楚，但看待别人时常常会忘记。没有一个格子可以限制住我们，我们是复杂的棋盘，而下棋的是生活本身。

人类是如此复杂

人类这个存在是如此精致，又稍纵即逝。我们感到自己是

---

1 Daniel Kaheman, *Système 1/Système 2. Les deux vitesses de la pensée*, Flammarion, 2012.

一个整体；但在内心有许多面，跟我们所经历的所有时刻一样多，这些时刻像马赛克一样组成了我们今天的样子，我们将要成为的样子。我们是独一无二的，永远不会与他人完全相同，总是可以被辨认出来。身份，让我们保持自己，又让我们与别人不同。身份，是我们内在对自己的感觉："这是我。"身份，是其他人所感受到的："这就是你，这真的是你！"身份，在我们的内心不会老去[1]。我们是内心那些充满奥秘的个性的组成，既不是杂志中的心理测试所能描述的，也不是用临床症状描述的表格所能总结的。心理测试或临床症状的概括描述可能符合我们大致的情况，但微妙的细节永远不会出现在那些描述里。谁能夸口说真的认识我们、了解我们、完全摸透了我们呢？我们自己可以吗？一个人就是这样活在世界中，带着身份的烙印，被"我是谁"所承载的生命，被神秘的星星引导，带着不可思议的力量和深深的脆弱性。你感受到了吗？

试图把我们区块化的心理学让我们在途中迷路了。心理学只能是全部，包含人类的全部的学科。

一粒沙中的世界

玛丽来咨询的时候非常憔悴，她已经很多个晚上

---

1 Marie de Hennezel, *La chaleur du cœur empêche nos corps de rouiller. Vieillir sans être vieux*, Robert Laffont, 2008.

没有睡觉了，又过度饮酒，充满了焦虑。在职场上，她掩饰得很好，没有人知道她的困扰。她知道如何披上假的自我，非常善于使用“借来的身份”。她被看重、被尊重，才华横溢。她使出不可思议的力气，掩盖自己的缺陷，只是为了让人产生错觉。但现在，她已经走到了尽头，再也无法继续装下去了。她坐在我的对面，缄默无语，没有任何问题能引起她的兴趣。最终，她开口说话了：“有人叫我来看心理医生……所以我坐在这里。我自己并不想来，因为解释起来太复杂，也觉得跟您说没什么用……”

沉默，我尊重沉默，我也尊重她。我打开心房，让她感受到我的在场，坚定的在场。我试图捕捉合宜的话题，适合她的一切，让我找到一个突破口，发起第一个突破的动作。我拿出一张照片，从一本艺术作品中取出的照片。照片里有个桌面乱七八糟的化妆台，充满了光线和阴影，令人不安。我脑中有个想法，我想玛丽的问题之一就是她的思想、心灵、生活都混乱不堪，没有任何东西在它应该在的位置，她自己也没有站对地方。

她看了一眼，忍不住说：“哎呀，这好像我房间里的化妆台！”我倒没期待她反应这么大，得来全不费工夫。当然我并没有表现出我的态度。我本来可以钻进这个空子，问她到底哪里像，但我们一定会走进死胡同，她肯定不会再次敞开心扉。

我开始高调评价在照片上观察到的不寻常的物品，这个图像就是我的治疗媒介。我很惊讶地发现在珍贵的珠宝旁边有一张破旧的明信片；我看到似乎被遗忘的沙漏，可里面的沙子还在继续流淌，觉得很有趣；悬挂在桌子之上的镜子里插着孩子的照片、风景照、明信片、演出的门票……东西之多，从半开的抽屉里满溢出来。

玛丽也跟我一起看着照片，完全进入了游戏。这次轮到她讲述她所观察到的，照片上的光线隐藏了许多东西，也突出了很多东西。我们成为探索者、发现者、充满好奇心的人。这堆杂物里到底有哪些东西？我们疑惑这些东西的主人是谁，当然毫无疑问是个女孩子。哪些线索可以让我们分析：她是谁？几岁了？她过着怎样的生活？

玛丽觉得很有趣，但实际上是我在主导过程，我的提醒、建议、对这个化妆台相关的探索，成为“引发思考的物品”，邀请玛丽讲述自己的故事、问题、对于身份的追寻，还有她的害怕。玛丽很愿意玩这个游戏，因为她并没有察觉到其中的“猫腻”，暂时还没有。当我们说，梳妆台的外表和上面的物品表明它们的主人需要吸引人，我说的其实是她；她也讲了很多细节，却并没有感到是在剖析自己。当我们寻思着这些明信片从哪里来，当玛丽仔细查看邮票的来源，其中暗含着文化归属感的问题，玛丽曾被领养，这也带来了她在身份认同上的障碍。当我们看到一张马的照片，我们思考马的品种的多样性，这些品种之间的相似性及差异。我们在字典里查找，发现有些马容易被驯服，有些是野生的；有些皮毛很美，另外一些则非常普通；有纯种马，也有杂交品种。所有人都尊重这些在赛场上奔跑的动物，它们价值无限，最终却仍被送进肉铺。

我们在这里就进入了身份的探索，我们反思身份的多重性，那些让我们彼此不一样的东西。我们还提到了她很喜欢很在意的马。玛丽跟我解释她小的时候学过骑马，她发现自己跟马在一起时非常平静，因为只有那时她才按着自己最真实的样子被爱，她所做的只是需要照顾它们。后来其中一匹马，也是她最喜欢的那匹马死了，她难过了很长时间，再一次感受到被遗弃。她说到这里，我们暂停了一下。我提议让她在此刻感受身体的变化，悲伤的情绪在她的身体里带来什么改变，她身体的哪个部分可以感受到这种情绪。

我们就这样闭着眼睛，一起静静地待了一会儿。然后我们又继续讨论那个梳妆台，继续“工作”，我们确实有工作要做。我们一起把玛丽的问题的各个方面——我希望谈到的问题进行详尽的整理，一个又一个，一点点进行挑选，填进表格，重新归类；接着进行分级排序：把看上去最重要的放在一边，次重要的放在另一边。我们注意到一幅挂在镜子上的画，这幅画展露出作者具有一定的才华，尽管画中物品看上去平淡无奇，但从总体上来看这些物品是特别选择的。为了更好地了解这位“化妆台的女主人”，我们挖掘隐藏的物品以便更好地刻画出这个人物……在此期间，我们虽然继续专注在化妆台上，但我知道通过这个化妆台要谈论的是玛丽，玛丽本人也因为不用直接谈到她自己、她的生活而感到轻松。因为梳妆台的话题，我们继续见面谈话。现在，玛丽非常愿意来咨询室，很喜欢这个引导我们思考的小游戏，因为游戏用婉转的方式带她探索自己的内心深处，她充满了对自己的好奇。一步又一步，我们一起处理了那些阻碍她前进的问题。我们提到文化处境，对文化身份的疑惑给她的生命造成不好的影响。我们提到了爱和害怕被遗弃的重要性，这在她心里反复出现；多亏了她喜爱的马，我们也提到了与人的关系、依恋关系可以改变一切。我们讨论过为了让自己觉得美丽、被喜欢，我们常常用外表的假象吸引人，可那离真实的自己通常很远，让我们迷失在为了存在感而取悦别人的需求里。我们还说到她觉得自己从未被无条件地爱过，所以她才总是觉得空虚，并认为自己可以填补和修复这种空虚。爱自己，按着自己最真实的样子，真正地爱自己。这样，爱重新在她心里流动，著名的激素——催产素也不断在她脑中释放出来。心理创伤逐渐被治愈，尽管它们在我们的情感记忆中留下那么痛苦的痕迹。

我采用认知-观察法来跟玛丽进行精细整理。我们注意物品的细节、分类、排序，即优先次序。我们说到了被遗弃后的表现和因此而有的悲伤；我们翻阅了存在主义心理学的问卷；我们一起感受情绪的流动在身体上的反应；我们探索思想如何展开，信念如何影响我们；我们研究对于这个有趣的化妆台的主人来说，什么价值可能是最重要的，我们一致认为她在选择这大量看起来凌乱、分散的物品时很有品位、很有分辨力，显然这是她的潜能。这些价值让她的生命有意义。

玛丽笑了，告诉我她很喜欢这几次独特的咨询。我发现她很有能力进行概念化、思考和反省。她的反馈给我许多启发，让我知道该如何进行接下来的几次咨询。她最明显的问题，对她来说也是最沉重、最令她痛苦的，就是她需要取悦他人，还有害怕如果无法吸引别人就不会被爱。她感到脑中非常混乱，总是在找所有东西应该有的位置，她自己的位置，这样过得很辛苦；她是多么害怕无法分辨到底什么才是最重要的，多么害怕无法建立真正的关系啊！

但这些话，都是她在第二次咨询的时候才说的。还没等我开口问，她自己就说："您知道，上一次我们一起看那个化妆台，我自问……我想……"她认为那张照片是她生活的写照。正因如此，从第一次看到她，我就感受到不可以直接叫她谈论自己。为了让她可以谈论自己的各个方面，我得通过另外一个方式，不是通过谈话，而是通过精细整理。

在第一次咨询的过程中，我们的化妆台让我们接下来可以用著名的行为认知疗法进行系列治疗，即TTC：把思想进行分类，从对她限制最多的到对她帮助最多的，并把这些思想跟它们会引起的情绪联系在一起，然后用第三潮流的治疗方法，想办法把这些总是不断启动的思想剥离出去。认为自己毫无用处仅仅是一个思想，这个思想背后是怎样的情绪？这些情绪给我的身体带来什么反应？它们要告诉我什么？我们安静下来，专注于我们的呼吸和身体的感受，进行正念冥想，这些操作让我们往前跨了一大步。情绪能够被释放出来，它们是宝贵的信号，如果我只是让情绪表达出来并让情绪过去，情绪就不会对我造成不好的影响。要对自己的生命在场，感受它的脉动；而不要躲在头脑的分析里逃开、回避情绪，成为自己生命的旁观者。冥想让我们暂时停下来，让我们观察自己的内心世界：一开始可能非常混乱，就像化妆台一样，然后慢慢变得流畅、轻盈，让我们重新找到自己。

我们谈到了价值观，对玛丽来说重要的价值，那些她为了迎合别人的期待而被遗忘了的价值。我们谈到了她的优点，使她明白了慷慨、善良、在意他人，这些不是脆弱的表现，而是非常珍贵、带来内心力量的品格。我们还提到了她的出生和被领养的经历。我们区分了血缘家庭和情感家庭，一般来说都是同一个，但有时不同，不同的时候反而让我们向更多的文化开放，让我们更丰富。

我们一起研究她出生地的文化，并把法国文化与之进行对比。我们看了两个国家的国旗，它们之间不同的颜色、相似性和区别。这个经过思考的比较建立在认知的基础上，通过观察、提问让我们慢慢接近这个敏感的主题。她以前从未讨论过自己的出身，罗马尼亚人？她以前觉得很丢脸，但现在她以此为傲。我们还谈到了她最近受伤、被羞辱的经历，这让她想起了很多年轻时发生的类似的事。当时我们正在看一张照片，被撕碎的人像，碎片散落在化妆台上，我们试着把照片重新拼起来。那是一个漂亮的女人，但似乎受到了惊吓。玛丽指出："这表情，低垂的双眼，我知道那意味着什么。"她说有一次开会，有人跟她说在这个会议现场，她一点儿用处也没有，她当时就觉得被羞辱了。回到办公室，她觉得很受伤、没有被尊重，再一次感受到被拒绝；觉得自己没有能力，不在自己的位置上。而她总是希望表现出自己是一个了不起、有效率、有能力的女人。

在这个阶段，快速眼动法（EMDR）就非常实用了。随着我的手指从左到右在玛丽眼前晃动，她回想着这次受伤的经历，渐渐就平静了下来。

我一共见了玛丽十来次，我们非常顺利地重新把所有东西连接起来，通过化妆台的照片我们清晰、温和地分析了那些组成她身份、困惑、隐藏的恐惧的因素。我们还谈到了玛丽的潜能，那些引导她的价值。她重新回到学校学习……学习心理学，她希望今后轮到她去帮助别人。终于，她觉得找到了自己的位置。她不再喝酒，睡眠质量也好一些了。她不再付出所有的代价去取悦别人，而是努力与自己愉快相处。我最后一次见到她的时候，还看到了她的男朋友。化妆台被整理好了，很整齐。玛丽重新找到了生活的秩序：她曾经丢失的秩序。

整合的心理治疗就是与人一起重建的学科。心理医生和他的患者一起建造，把打乱的拼图一块块重新拼起来，这些拼图就是生命的碎片。这些碎片来自我们自己，我们对生命的思考，我们对自己的看法，以及我们跟这个世界互动的方式。

这是心理学的一个姿态，接受生活中发生的一切，接受生活就是这样，接受生活的所有组成部分。接纳生命，包括其他人的生命，生命的所有角度、所有曲折、所有多样性、所有深度。不要把人碎片化，不要从单一的角度去理解人，进入一个人的世界，有很多入口。

如果我跟玛丽只采取一种径入方式，那么能够展开的领域就会大幅缩小，我们也没办法谈到所有问题。一起思考，一起分类，一起给物品按等级排好顺序，一起以玩乐的心态去发现，一起通过对本来离我们的生活很遥远的“引发思考的物品”进行自我探索，一起去感受情绪的发作……对于已经存在的人事物，即所思、所看、所理解的一切进行一次又一次的整合。整合，是打开心理医生的眼光，引导对方以此眼光去看，带领他用形成我们的精神、情感、行为、与他人的连接、与世界的关系的所有角度去看他人、看自己、进行反思。不要把对人的理解限制在一个角度，接受这个有点儿疯狂的赌局：从清晨到黄昏，拥抱每个人的生命是一个非常多面的集合体。

整合的心理治疗反映了人类令人难以置信、时刻交织纠缠在一起的复杂性，这种复杂性囊括了从我们生命的第一刻开始，从基因信息决定的生命到与环境的融合。这样的融合产生、建造、调整、限制、展开了所有的一切。

整合的心理治疗，即生命的故事，我们的生命、一个生命的故事。

我们的大脑、身份、个性、情绪能力、做事能力，只有在永久的舞步中才能发展，那是我们与世界、我们真实的样子、我们所有的经历、我们的生活、我们正在成为的样子等所有元素之间的舞蹈，每时每刻起舞。

要理解整合的心理治疗，我们就必须相信，是无限小组成了我们无限大、难以置信的生命，并以此信念去看待我们的生命。

整合的心理治疗的姿态是坚持认为，缺少整体我们就不可能理解任何事情，整体是无数无限小交织组成的多面混合体。

我们是艺术品

整体不是各部分加起来的综合，正如艺术品不是颜色、线条、形状的堆叠，艺术作品超越组成它的那些元素，从让它成为“一”的各个组成部分升华而来。分析艺术作品，总是冒着脱离作品、失去其精髓的风险。那些作品感动、吸引着我们，我们可以喜欢、讨厌，我们的感觉很难不泾渭分明。感觉出来以后，思想就介入了，我们变得对作品本身释放的信息及意图刀枪不入，我们所做的是去理解、理性分析、把作品切割成好几部分。

当我们对人做这种切割的时候，就无法抓住人的本质。我们不能也绝对不应该忘记人类总是比我们能够理解的更强、更高、更大。我们不能把几个类项相加等同于人类，或者简单地把人类理解成一个闭合的循环。每一个零件，不管多小，都占据着自己的位置，从而让全宇宙最智能的“机器”之一——人类——运转起来。

有没有故事可以诠释这个想法呢？你们知道，我们的人工智能终于可以驾驶汽车了，我们已经造出了无人驾驶的智能汽车，你可以在小酌一杯之后进入该车内把它当作休息室，而不必担心开车的问题，也不必时时刻刻因为开车而全神贯注。让我觉得有趣的是，这几乎解决了驾驶的所有问题，但我们伟大的信息天才无法处理一些很关键的地方如巴黎凯旋门广场的转盘，也无法通过专用的入口坡道进入高速公路。你们知道为什么吗？因为这不合人之常情！人可以靠着感觉去做。我们从本能、直觉上就知道，有时也通过恐惧的感觉知道：我快速地分析了情况，大致估算了旁边一辆辆车的速度，暗中估量车子的情况，然后闭住气，几乎闭着眼睛，开出去……是的，这是真的！人的这种感观直觉，到目前为止，没有任何人有办法对此建立研究模型。我个人觉得这实在太令人开心、太令人耳目一新、太令人振奋。作为人，我们是不可简化的……

理解人的整体性

放大镜

整合的心理治疗就像一面放大镜，照出我们从出生的第一天起直到今天的每一个发展过程。整合的心理治疗在理解疾病、人的生命和内心世界的建造时竭尽全力考虑到人的整体，考虑到人是一个奥秘的整体。

我们还在母亲的子宫里时，最初的那些细胞发展出大脑的轮廓，也是这些细胞后来发展成我们的皮肤。这实在令人着迷：我们的大脑产生的思想、情绪意识到我们的存在；我们在皮肤之内，皮肤是我们的内在与外面的世界之间的界限，皮肤包裹着我们，二者竟然来自同一些细胞。皮肤是大脑褶皱可见的表面，是灵魂的反映：我爱上你了（法语短语，原文直译：我有你在我的皮肤上），这个想法在我脑中挥之不去（法语短语，原文直译：这个想法粘在我的皮肤上），我想改头换面（法语短语，原文直译：我想做新的皮肤），打败某人

（法语短语，原文直译：有某人的皮肤），感觉不好或很好（法语短语，原文直译：我在皮肤上感觉不好或很好）。

起初，我们都是婴儿，接着有了最初与世界的互动。感官还不是很灵敏的时候，心却已经苏醒了，还有智力也苏醒了——尽管长期以来我们都不是这么认为的。婴儿从环境中学习，仔细观察、分析、推理、相互影响……慢慢地建造起对世界的认识，形成身份的内核，包括他对自己的感受，最初的自我意识；他感受到的爱，与他人的关系，他对世界的理解。他的思想和身份的大致轮廓就出现了。

我们的思想被这样组织

贝尔纳·吉贝洛（Bernard Gibello）[1]教授最初提出一个模型，该模型指出所有思想都是在一个渐进式系统的内部慢慢成形，系统的每个模块——被称为“容器”——在发展过程中逐渐紧密地连接在一起。

我们思想的每个要素、每个内容都记录在赋予思想意义的容器中。思想没有容器，就像我们因为不懂一种语言而无法理解该语言的单词，语言就是容器，赋予我们所听到的字词以意义。

1　Bernard Gibello, *La Pensée décontenancée,* op. cit.

模型是在与环境持续交换信息中形成的，环境包括物质和人文环境，环境在模型成形过程中的作用像“解码器”，画出最初的思想容器的轮廓。来到这个世界的婴儿自己无法理解什么，或只能理解很少一部分，还记得“野孩子”吗……

第一组容器是建造的地基，是古老容器，包含我们最初在子宫中被孕育的时候就有的三块“砖”，这三块砖像承载我们生命所有的三脚架，包括自恋容器、认知容器和幻想容器。三者彼此交织在一起，密不可分，同时也一起发展。

—— **自恋容器** 让我们感受到自己与他人不同，是自我的初步轮廓，也是自我形象和自我的初步表征。爱自己、感受到被爱，与自恋容器有密不可分的内在关系。我们最初的情感关系打造了自恋容器，我们的依恋关系决定了容器的坚固性，是安全感的基础。

“你没理由哭”，这句话足以让自恋容器产生裂缝。“我理解你的感受”，这样的表达让杏仁核，即感受恐惧的大脑区域变得安稳，释放出催产素，我感到被爱，并觉得安心。你用温柔的眼神看着我，我感到被包围、被保护，什么坏事也不会发生。你皱着眉头，我就觉得自己迷失了。

—— **认知容器** 是我们对世界的初步理解，是我们捕捉、记录、建立关系的记忆。过去我们一直认为婴儿没有清晰的认知能力，他们无法感知也无法理解外界的情况。但我们现在知道婴儿出生时认知系统就已经准备好了，他们通过认知系统去体验，去建造智力的大楼。

“你看现在已经是晚上了，过一夜就会是白天，安静……”“你的安抚巾在哪里？这里？那里？”

“一、二、三，我要胳肢你了。”“看，这个方块是小的，我放进这里，那个太大了，放不进去……”就像体育赛事解说员一样，成年人赋予婴儿周围的物品意义，说明规矩、前因后果、逻辑……

—— **幻想容器**　包含我们头脑中所想象的一切：觉醒的奇思异想，创造力原型，个体的需求、欲望及所有一切属于这部分“我”的秘密花园。在大脑的深处有对于感受、情感和感觉的记忆，我们在三者之间创建联系。这是一个特别的容器，定义了个体跟他人之间最初的那些关系，以及个体如何在内心剧场中描述这些关系。社会神经科学让我们知道最初的那些关系非常重要，对生命每个阶段都具有决定性的影响力，决定着此后我们建立的人际关系。

“不，就算你想这样做，这样也不好。看吧，你把他弄哭了……不要推他，亲亲他。”

“是的，你的画让人眼前一亮，你真有想法。”

“向他伸出手，帮帮他好吗？”“不要吵架，最好一起做。”

“你做了很美的梦吗？”“我知道你需要我抱抱……”

中央核心区就是这样成形的，该区域画出我们的身份、个性的大致轮廓。然后随着语言的发展，所有本来只是视觉影像、感受、印象的东西都会成为符号，让我们的思想、自我感知、自我形象和与环境的互动变得复杂。符号世界让我们重新去理解我是谁，我到底在经历什么。无数微妙的差别让我的内心世界变得丰富；我与外在世界的互动也有无数种方式，所以我有无限种可能性去增强、调整、修改那些已经建造好的中央核心区的初期轮廓。

—— **语言和符号容器** 让我们从一个世界进入另一个世界。我们可以用语言表达自己的感受，向别人表达自己的想法；可以辩论，辨析细微的语义差别；可以把各种想法、思想结合在一起；可以进行关联或区分不同；可以想象；可以创造。

—— **文化容器** 根据我们所在的环境、所属的社会和文化习俗拓宽我们对一切的理解。地域和时代都塑造着我们的思想、存在的状态和人与人之间的关系类型。

这些思想容器时时刻刻都在发展，它们像从最小到最大的同心圆，不断发展、修改、自我充实，有时也会遭到破坏。它们都是半透膜，一个容器被影响，其余的都会被干扰，影响会渗透进去。

> 当我感觉不好或非常痛苦的时候，我可以学着去分辨是哪个部分不舒服。脱离整体的部分的我不能单独存活，但我可以辨别出这些如俄罗斯套娃般套叠在一起的容器的奥秘。感受，是的，去感受到底是什么让我痛苦。我可以选择优先关注某个部分，也可以管理其他损害程度较小的部分。所有一切都是互相关联又彼此独立的。绕去另一个角落进行处理，受伤的部分同样会受益。这样我们会逐渐重新找到平衡，重新建立和谐。

重新开始行动，重新开始思考

没什么好说的，没什么好想的?

在我们的行医生涯中，经常遇到不想再开口说话的孩子、青少年还有年龄较大的人，他们觉得没什么好说的。他们能够表达出来的只有一件事："我没什么好说的……"我们可以等待，保持沉默，减少咨询的次数，等待戈多[1]……有时我们也会催促患者："如果您不跟我说，我怎么帮助您呢？"而沉默寡言的青少年就会更深地陷入困境，对于每个提出的问题，他无法回答，最好的答复就是"我不知道"。经常在苦难来临的时候，刺激重新开始思考，让这个魔鬼般的思想机器重新被激活，这是多么困难、多么痛苦的事啊！

这样的僵局不容小觑。我们试图给他们提供帮助，仅仅等待是不够的，必须找到一条路径，即使是隐秘的小路也可以。我们可以冒险去探讨任何与痛苦无关的主题，这些主题不一定符合台面上的要求，却是个机会，让我们观察思想的精细整理、感情的基调和想法的环环相接。这样我们可以获得开始编织的线头，哪怕只是绕着边缘的位置慢慢编织。我们也可以提议选择一个活动，看上去无害、轻松、有吸引力、有趣的活动，大家一起玩。

玩，就是制造居中的空间，即在他人与我之间、在外部与内部之间创造过渡的空间[2]。玩，就是邀请人去探索自己个性的黑暗角落，发掘个性的其他方面。我们可以以玩乐的形式用任何事物进行分类，例如办公桌上陈列的物品，或从患者喜欢的

---

1 出自萨缪尔·贝克特（Samuel Beckett）的戏剧《等待戈多》，戏中的主要人物在等待一个永远不会来的人。

2 Donald Winnicott, *Jeu et réalité*, Gallimard, 1975.

运动开始进行分类、组织、丢弃、建立有限秩序，在玛丽的个案中，我们就采用了骑马。

我们把这种治疗方式叫作认知介导心理治疗（PMC），它是一种在认知和情感功能方面同时起作用的操作方式，通过一个作为媒介的场景、一个“引发思考的物品”，或者其他任何可以重新激发思考的材料，让病患找到正在经历的事情的意义。我们可以想象所有的可能性，尤其需要一起进行创造，仿佛一支心理医生与患者之间的芭蕾舞，一起同步创作的作品。心理医生就像说旁白的人，可以说一些看起来无关紧要但带有象征意义且与患者所遭受的痛苦直接相关的话。慢慢地，通过这种迂回的方式，使患者重新找到思考自己的路。这种治疗方法在本质上属于整合的心理治疗，因为所有思想的容器和内容物，一个一个都需要被唤醒。身体也是这种治疗方式的盟友：让自己去感受某个部分，不是试图去改变；了解情绪的变化，观察思想的来来回回，感知身体所要表达的。所有一切都发生在身体内，也通过身体解开缠在一起的结。身体指挥着心理，身体是承载一切的容器，里面有我们心理上、情绪上的所有痛苦，也包含着我们的潜能、力量，所有让我们幸福、康复的一切。潜能激发并延续生命的冲动；任何一种心理治疗都不应该忽略这种冲动，这种冲动与任何心理学结合在一起都只会带来好处。心理学应该融合一切，不忽略任何东西，时刻考虑到整体，考虑到一切因素。

根据病症选择治疗方法，还是根据患者选择心理医生？

这就是挑战。是切割成小单元，还是看到整体？把患者化约为症状还是考虑到患者个性的所有组成部分？我们没有一个人能真的触及完整的整体，整体是我们的财富、宝藏、潜能、活着的愉悦的栖息之处，即使我们倾向于看不到、感受不到它们，它们总是隐藏在某处，是我们“健康”的那部分。

心理学经常或太过频繁限制我们的行动，只提出一种解决方案，为什么？因为心理学很容易陷入某种理论或某种治疗方法。

只是，这样的心理学也在变化，正在让位给整合的心理治疗。我们不能或不再可以把人等同于某个病症，把人分割成几个部分，幻想着可以把某些部分独立出来去处理、治疗……然后选中病症，打钩……接着，就完成了。

心理学只能是综合的、兼容并蓄的，像交响乐一般地容纳所有乐器的，又是才华横溢的。

心理学必须结合它所有的方法、理论和实践，回归到人的本质和复杂性中。一次又一次，进行平行交叉。用各种各样的形式、所有可能的表达来谈及痛苦，探索每个可能的入口、路径、渠道，跟患者一起适应、调整、使用在此时此刻最合适、最有效的治疗方式，而不是让患者去适应心理医生强加的治疗模式。心理医生需要扩大他的“调色板”，给患者提供一系列具新视野的治疗可能性。

作为心理医生，我们总是需要用全视角的眼光来完成我们所选择的艰巨任务，即我们需要考虑到所有因素，找到能够减轻患者痛苦的方法，适应患者的病情发展，让我们的陪伴深入他的日常生活中，关注他是否真的能够改变，接受修正并为了达到治疗的目标而调整陪伴的方式——让患者活得更好，这是我们永远不该忘记的主旋律。

与普通医学的差异或相似之处

我们的世界已经发生了很多变化，医学界大致跟着心理学在变化，也可能反过来，心理学跟着医学界在变化。这样说可以避免触怒任何一方，尤其是因为重点不在于谁在跟着谁变化；重点是医生在看病的时候，担心的不仅是病患承受的痛苦，还有他的家庭、工作和孩子，他给患者从头检查到脚，围绕患者主诉的症状提出很多相关的补充性问题。这样的家庭医生是我们生活的一部分，关注我们大大小小的疾病，使用的是广泛、人文、家庭式的方法，更确切地说，这样的医生尤其不会把患者简化为一个症状。他的工作内容是照顾患者，在需要的时候对其进行治疗。

今天的情况却刚好反过来，我们辨别出症状，所有的思考都限制在病症中，治愈病症，然后病好或没有好。如果病没有好，接下来就该是专门看耳朵或结肠、心脏、动脉、皮肤、肿瘤的某个专科医生，只是他对患者的整体身体状况并不了解。身体是一个不可分割的整体，身体复杂的运转总是有点神秘，内部机制非常复杂，如果我们不用整合的方式去研究，就会离它越来越远。我们可以认为它是可分割的，然后成为某个部分的技术人员，认为某个部分独立于整体而存在，这样，我们不就成了表面的技术人员了吗？可能患者不再有症状了，可是疾病真的被治愈了吗？医生问过自己这个问题吗？他可以确保手术很成功，预后良好，患者不再有疼痛，也不用担心会复发，但是我们真的确定患者已经好了吗？

> 我还记得那个马赛的全科医生，他总是提到他的“病人”（*malades*），而从不用患者（*patients*）这个词（病人即生病的人，而患者指接受医疗服务的人。作者借这两个用词，强调医生把对方当作病人还是客户）。当他说“我的病人”，从他的表达中就可以感受到他对他们的专注和关心。这是一种爱，他日日夜夜全身心地守护在他们的身边。每次他这样称呼病人的时候我都感触很深，只是我后来再也听不到他的声音了，因为他去世了，死于肺癌。他经过一次次治疗，但肿瘤还是没有被彻底根除，尽管主治的是一位杰出的肺专科医生，专门治疗人类重要器官的专家。马赛医生成了这位专科医生的患者，是否成为他的病人呢？我不知道，我不觉得。尽管我认为这不

会改变马赛医生的终极命运，但至少可以改变让他在人生最后一段时间的体验。成为某个医生的病人，是感受到医生的关心，好的医生会用他所知的科学知识、全心全意“好好照顾”我们。

我头痛、心痛、身体不舒服

我们可以把心理学看作关注“我们所是的一切”的一门艺术和方法，除此之外，还能怎么看待呢？一门精确的科学，一门人文科学——绝不只片面地涉及情感、情绪而忽略我们的认知能力，也不会忽略身体的感受、身体要告诉我们的信息。这门科学是一门实践的科学，我们的每一次经历都在丰富它。现行的心理学，注重每个感受，注重这个短语表达得好，说明我们在对的时刻，在正确的地方，与对的人在一起。

我见到了十四岁的朱尔。他长得很俊美，金色的卷发，很漂亮。他很可爱、讨人喜欢、友善。他陷在我对面的沙发里，一开始为了明白他为什么要来见我，我们在他的父母在场的情况下谈了一会儿。朱尔低垂着眼睛，承认自己不停地跟同学吵架。他无缘无故地发火，把自己的书包丢在这个、那个同学身上，这些都发生在课间休息的时候。在课堂上他很专心，只是不回答老师的问题，但他尽他所能表现得“乖巧”，他的父母很强调这一点。最近他在全班同学面前背书时尿裤子了，这实在太丢脸了！他已经是个青少年了。所以他父母带他来看心理医生，因为情况已经超出了他们所能应付的。学校的老师不明白到底发生了什么，虽然一直以来他的成绩都不算好，但至少可以升级。老师说：“明年应该会好一些，我们相信你会振作起来……”

朱尔哭了，他不知道该做什么，怎么办才能让一切好起来，他非常希望父母开心。我们决定一起做一套完整的心理评估，其中包含了一系列测试。这些心理评估可以让我们了解他的智力情况和性格动态，评估结果的分析可以给我们提供一些关键点。朱尔确实有智力发展的问题，一直以来他都在逼自己。他的认知能力不尽如人意，难以让他摆脱困境。他在理解、推理和分析上都有困难，初中三年级的课程对他来说已经很复杂了。至于他的性格，他非常缺乏自信，自我形象低落，压抑了很多愤怒。但朱尔也有很多“财富”：他很坚持，非常努力，不会放任自己跌到谷底。但他已经筋疲力尽，用尽了自己的认知能力，而后者在初中学习的任何情境下都是必需的。他感到自己已经竭尽所能，被掏空了。他很痛苦，没有人意识到他在智力上的缺乏，因为他在课堂上从来不扰乱秩序，总是让别人以为他在认真学习，他确实以自己的方式能够达到的程度在认真学习。老师年复一年在联络簿上写着“可以做得更好”。可是朱尔真的没有办法，他的外表——“俊美的罪过”让人以为他什么都能做，可这对他来说却是个陷阱。老师从未真的怀疑过他会有学习上的困难，他们最多只是认为他是个傲慢、蛮横、吵闹的学生。朱尔和他的父母听到这里都放心了，他们可以让他朝着厨师的方向发展，因为他喜欢做饭，也做得很好，对厨房的事非常敏锐。

做评估，好像画出疆土的地图，把内心世界展现出来，包括其中所有组成部分。我们只能通过认知功能来认识人的性格，智力只有从更广泛的人格、感情和情感动力的角度来看才有意义，这几个元素缺一不可。把智力测验和绘制人格轮廓分开来非常荒唐，就好像把一个人分成两个互不相关的部分，不考虑二者之间的关联。我们很容易理解人格参与智力的建构，因为我们每个人根据自己的智力形式或自己的认知困难和特有的学习方式来进行自我建造。认知功能不应该被孤立出来，否则就会冒着丢失重要数据的风险使这份地图——我们内心世界的所有数据产生错误。

一切都错综复杂，但若考虑到所有因素，用整体去考虑部分，就可以理解。领土被清晰地画出来，可以看到需要用斧头修整的浓密的森林、陡峭的山脉、闲置的土地、打理得很好的耕地、解渴的水井，所有这些潜在资源都是我们内在的力量，可以用来找出路径，确定我们的目的地。也只有这样，我们所有人才能用一些方法来确定该如何前进。

地图不是疆土本身，疆土更加宽广，但我们有了好的地图之后找方向就方便多了。好地图就是属于我们自己的地图。你们试过拿着马赛的地图在巴黎开车吗？

心理治疗必须以它所有的工具，深度了解在面前寻求帮助的人；我们必须按着他人格的全部层面来理解、陪伴他，必须关注他人格的各个方面，毫无例外。我们不能把人简化为最基本的粒子，因为我们由那么多种元素融合在一起。所有的一切都应该被考虑进去，不应该被忽略。这应该永远是我们的誓言、承诺、约定。

心理治疗的艺术和方法：整合，而不是分裂

获胜的组合，兼容并蓄作为信条

今天，我们有数百种治疗方法、心理疗法、治疗干预措施、精神药物和疗法……我们面前有一份冗长的清单，里面的

方法的介绍或多或少总有些吸引力，提供的治疗或多或少让我们产生动力。多么丰富的清单，甚至让我们看花了眼睛；但这一系列的可能性却无法让人安心，只会让我们更加不安。该选择哪一种方式？怎么选？用什么标准选？朋友的建议通常会影响我们的选择。这些独立的治疗方法确实有意思，很有原创性，有时甚至很杰出，有些是经过调整的古老方法，有些给人带来灵感，有些鼓舞人心……可我们这样不是正在扼杀心理学吗？无限发展过多的疗法，难道不是在抹杀它的本质和它存在的理由吗？太多的疗法不就扼杀了治疗本身？心理治疗与别的治疗方式不同，更注重结合、联结、合作的方式。这正是整合的心理治疗接受的挑战，整合的心理治疗从所有一切中汲取营养，不排斥任何东西，却不是随意拼凑而成的。当然会有拼凑的危险，但整合的心理治疗不是钓鸭子的游戏，试试这个，再试试那个，还认为自己已经在努力做些什么了。整合的心理治疗是当代心理学的实实在在的趋势，在大西洋另一端发展得很好的流派，但在我们周围仍然默默无闻。流派，即运动。这场运动仿佛一场赌局，把赌注押在创造独一无二的配方之上，为每个患者在每次咨询中、每个不同的治疗场所里智慧地选择整体中的某些成分，一份根据大厨的灵感创造出来的食谱配方……一场卓越的心理治疗在于心理医生的才能，那会让一切与众不同，因为由他来分配每种成分，经过自己的润色，用爱、信念和灵感准备这道特别的菜肴。

整合的心理治疗必须是充满才华的，它受到在场的人的影响，连最小声的耳语都被计算在内。整合的心理治疗灵活、富有创造力，同时又是严格而扎实的。它是当下的心理学，看重当下这个与他人相遇的时刻，用我所有的一切来考虑到他的整体。整合的心理治疗不是毫无章法的，需要经过学习，有时甚至是很长一段时间的学习，因为比起单一技术或理论，它的要求更高、更复杂、更需要冒险。整合的心理治疗将赌注押在获胜的组合上。

行动中的整合的心理治疗

我们可以确定地说：整合的心理治疗是心理治疗中的艺术。

我们甚至可能会说：不采用整合的心理治疗对患者来说是有危险的。实际上，没有任何一种方法、一种实践操作可以自诩完全理解所有心理现象，没有任何一种方法可以确保在人类心灵的深处持续运动，没有任何一种方式可以完全理解我们身份的多重分支。

整合的心理治疗是为了服务患者——患者的一切——而不断前进的具象化心理学；它是瞬间心理学，与瞬间有关的就是当下，在这个时间的缝隙中一切皆有可能。整合的心理治疗不会因为通过望远镜——属于心理医生的“望远镜”——看到患者的一小部分而沾沾自喜。

这种新心理学是动态的、活泼的、灵活的、有弹性的。弹性是我们的核心概念，心理学必须充满弹性，患者也需要，我们每个人都需要。这样我们才不会被封闭在自己的思想形态、有限的信念、条件反射、已有的习惯或不断重复的情绪中。这就是稍纵即逝的当下的魔力。训练自己连接于当下我们所经历的，当下起作用的，就在此地、此刻。就在这个时刻，我可以行动，离开死胡同，找一条新路，抓住机遇，与生命同步。

每个心理医生——所有心理医生都得接受正念冥想的训练。正念冥想帮助我们感受此刻存在的一切，深入感受到自己的在场，自己对自己及对他人的在场；它让我们转向内在的自我，回应他人微妙的脉动。这些年，正念冥想改变了我的生命，它一直在教我与此刻相连，让我把动态的生命——自己的内心和关于我的一切向无常开放。在两场咨询之间，走向候诊室的那几步路我就进入正念冥想，重新调整自己。在咨询的过程中，我也常常回归自己的内心，只需要一会儿的工夫，重新专注于自己的感知，进入对当下完全的在场，用自己的身体去感受我的患者。他不断给我一些线索，让我知道可以进行怎样的尝试、操作、创新和整合。当我全身起鸡皮疙瘩时，就是这个时

> 刻，运气和机会之神卡伊洛斯（kairos）降临了，这个希腊词的意思是恰到好处的时刻，就是此刻，最好的时刻。

这里，此刻，我的患者有什么需要，可以采取什么方式、技巧或操作去安慰和安抚他，让他感到自由，让他的情况开始改善呢？那里，就在那里，我可以从什么当中汲取灵感，带来新的角度，找到决定性的突破口呢？好了，我明白在哪里可以找到，就用在那里找到的，开始构思一个支持患者、带他向前走的想法和计划。如何开发潜能，即让他离开痛苦的旋涡、去探索生命的奥秘？我们需要一个自由、活泼、感同身受的姿态；时刻准备着迎接新的视角，走入一条新的路径。

1+1=3

> 心理治疗师可能会有帝国主义，自认为无所不能，拥有骄傲和方法论至上的信念，这些都是真正的危险。
>
> ——欧文·亚隆[1]

整合的心理治疗是我们精密的存在、全新的整体加总之后

---

1 Irvin Yalom, *L'Art de la thérapie*, Galaade éditions, 2013.

的产物，它不是好几种治疗方式的综合，而是受已有模型启发的新兴治疗方法，从类型上来看是独一无二的。之所以说独一无二，是因为它在每个时刻、面对每个患者时都是不同的；它是一种适应性强的心理学。

整合的心理治疗不是简化，而是进行合成；不是减少零部件，而是把它们组装起来；不是隔离，而是重新编织出一个结实的框架，在治疗的过程中逐渐被强化的框架，这个框架针对每个患者的每次治疗都加入不同的图案装饰。编织的线有很多种，框架也非常个人化、极具个体特色。

一切都关乎姿态。整合的心理治疗要求治疗师离开自己的确信和舒适区，开始冒险，他根据患者在此刻发展的情况和不断变化的需求而行动。整合的心理治疗就是一场持续的韧性练习，同时也可以非常灵活，因为它有一只坚固定准的锚。

单一方法的风险在于非要病患进入某个方法的框架内，稍有逾越就会进行切割。这就好像我们想让患者进入一个对他来说过于狭窄的盒子里一样。治疗师的这种过滤方式很危险，所有人都应该对此保持警惕。心理医生若“归属于一座教堂”——哦，这著名的教堂啊，就会完全看不见实际情况，在我们面前的这个患者的实际情况；就算再真诚也看不到，因为那实际情况可能并不在他的诊断表格中。整合的心理治疗让心理医生处于不安全的状态，迫使他离开他所归属的教堂带着满满祝福赐予他的舒适区。整合的心理治疗让心理医生“赤裸裸”地去面对他的患者，虽然他需要去挖掘，但可以相信自己有能力连接于所发生的一切，相信自己可以从内心深处的泉源汲取力量。整合的心理治疗就像青春期的孩子一样，需要脱离自己的家庭、自己归属的榜样、就在那里让我们安心并保护我们的人，才能长大。但为了更好地脱离，我们需要先知道如何依恋；要使用整合的心理治疗，必须沉浸于各种理论、每种实践方法、每个概念化的过程、每种技术能够带来的优势中，非常了解并吸收它们。

整合的心理治疗敏锐、尖端、专业性很强，我们无法仓促地临时使用它。我们必须拥有非常扎实的个人经验，深刻了解每种治疗方法的特点以及所有病理和资源相交的因素，这里的资源指人类所有的潜能。整合的心理治疗是一门创造性的心理学，它跟所有公认的创造一样，扎根于专业知识。

我的心灵、他者、生命中最微小的动作，也是我……

因为你的存在，我才得以活着、成为我所是的样子

思考自己的身份时考虑到他者这个向度，不是我们很熟悉的概念，但这个概念很古老。只有在互动中，我们才存在着。

这种想法在理论和临床上都存在，被称为“模仿欲望”[1]。“我”这个概念本来就没有任何基础，只是长久随着“我”所投入的关系而变化和调整。我们都困在无意识地对他人进行模仿的进程中，没有一个个体能够真正脱离这个进程，这给我们的挑战就是意识到我们在不知不觉中从属于他人。把我们带入他人“囚禁”的主要指挥者，就是镜像神经元，一旦我进入与他人的关系，这些了不起的神经元就开始工作，让我与他人同步。我不再是我，而是根据他人及围绕着我的这段关系进行自我定义，这时我们就被自动卷入生命的涡轮，那并不一定适合我们，我们也不像我们自己。“只有一条道路通往自由：……就是改变自己……当我说到改变自己时，我实际上指的是在个体之间的关系，即与他人的关系上下功夫。专注于我们已经有的，而不是我们没有的；学会喜欢我们已经拥有的，其他人也会觉得我们拥有的非常令人羡慕。这是治愈个体不幸、人类的不幸和人与人之间模拟竞争的最佳处方。……揭开所有误导我们的幻想，看见真相，这就是通往自由的道路。”[2]

观察的重要性

我们经常忘记在心理学中首先且最重要的事就是观察。不

1　关于这个主题请参考：René Girard, *La Violence et le Sacré,* Grasset, 1972。
2　Jean-Michel Oughourlian, *Cet autre qui m'obsède,* Albin Michel, 2017.

带着任何预设、偏见地去观察，带着好奇心、带着孩子般爱探索的眼睛去观察。观察微小的细节：母亲与孩子之间、父母之间、父母与心理医生之间悄悄地对视；观察一家人如何在办公室坐下来：谁沿着这张椅子、那张沙发、在哪个地方坐下来，这个人或那个人脸色的变化；观察加快或减慢的呼吸；观察几乎无法察觉到的手势和身体的动作……仅仅观察着。

我们需要训练自己去观察，就在现在这个时刻进行观察，不要问问题，不要做任何推断或推论。就像昆虫学家或实验室研究人员一样，眼睛一刻也不会离开刚放入试管的溶液。

专注，在场，感同身受地观察，教会我们许多东西……几乎所有的一切。

观察此时此刻正在发生的，观察哪些部分有问题、哪些部分功能良好。

观察，是给他人一个位置，让他成为自己；给他一个空间，让他自由地呼吸。这里我所说的，包括字面意思和比喻意义。让他重新找回自己的呼吸。当他说了一些我们没有意料到的事时，接受自己的惊讶。

在日常的对话中，经常还没等对方把问题问完，我们就已经给出答案了。我们的焦点和反对意见，在对方说话时就已经预先产生了。我们在对方把话讲完之前就已经投射了自己的想法……所以，夫妻之间、亲子之间、工作场合的同事之间的沟通质量经常很差。请听我说，真正地聆听我，真正听到我想对你说的话，然后你再回应，或不回应，但至少先让我跟你把话说完。请倾听我的心声，不要批评，不要带着你的思想背景，也不需要任何善意的建议，仅仅就是倾听。

> 纸巾盒就放在桌子上，你注意到它了吗？这是在心理治疗过程中不可或缺的工具。眼泪一开始掉出来，纸巾就已经准备好了，似乎在暗示人可以停止哭泣了……你没有任何理由哭。我一点儿也不夸张，拿出面巾纸无法制造一个安全的空间，让人觉得可以停靠并倾诉衷肠。我们若说是出于同情心而拿出纸巾，说到底还是不理解他人内心深处的需求，或自己害怕他人的痛苦，这样做并不好，甚至可能会更糟。

生活是治疗的一部分

我们每个人都有自己的生活，然后突然，时间戛然而止。如果我们感到痛苦，感觉自己生病了，需要一个心理医生，那么心理医生需要介入我们的生活中，我们“真正的生命”中。只是，心理治疗好像就停留在了咨询室的门口。当然，我们会提到为什么来咨询，但经常、太过频繁出现的情况是，实际、真实的生活并未真的成为治疗的一部分。如果患者与这个或那个家庭成员的关系有困难，心理医生即使未采用家庭疗法，为什么就不能跟这位患者的家庭成员谈一谈？如果患者的情况跟丈夫或妻子有关，为什么不能叫他/她来，为什么不跟他/她交流一下呢？如果痛苦所在的舞台是患者的工作领域，难道我们不应该更好地认识其中的演员和装饰吗？我们长久以来拒绝这样的建议，认为这样做超出了心理学的范畴，这不是心理医生该有的习惯。心理医生习惯隔离。但如果我们邀请并鼓励我们的患者改变习惯——那些困住他们的习惯，我们作为心理医生怎么能不先改变自己的习惯呢？有这么危险吗？但为谁而做？为什么不试着去丰富我们对患者的理解，去扩大对患者整个生命运转——必定是复杂而多样化——的理解呢？这样才能整合患者周围人的眼光，把握患者生命的微妙性。

约瑟芬是我的挑战。我在一个意料之外的情况下遇到她，她是我的患者的妻子，是患者备受折磨的主要原因。这对夫妻关系很不稳定，他们总是发生口角，彼此刺痛对方，彼此伤害……我的患者叫埃里克，他非常痛苦，因为纯粹的爱是他存在的唯一真实理由，也是从根本上他一直无法得到的。他不想跟约瑟芬分开，他试图修复关系、填补缺口、恢复彼此的热情。他费尽心力，这是他生命的故事。这天晚上，约瑟芬知道我是他的心理医生，问了我一个非常有见地的问题："我总是听埃里克说到您，他很喜欢您，但我不了解您会怎么帮助他。您所知道的所有关于我的和我们的事，都是他一个人告诉您的。他用自己的眼光、带着自己的信念看我。您真的认为他口中的我真的是我？”我跟她承认，我接受她的批评，她所说的有一部分非常正确，这确实是我的职业限制，但同时也是这个职业的强处。如果她同意，我可以单独见她，她可以来告诉我她的感受，描述她跟埃里克在一起的生活，从她的角度来说说他们如何生活。只是她没有来，我想她害怕了，这样介入心理治疗太奇怪了，即使是她丈夫的心理治疗，或者说正是因为是她丈夫的心理治疗，介入就更奇怪了。她想表达自己的观点，这非常合理，但她没有这样做，我不太清楚为什么，我真的很希望能够在咨询室里见到她。埃里克说他很遗憾她没有来，但我想他的内心深处松了一口气。让现实生活闯入咨询室不是那么容易的事，毕竟与心理医生的会面是那么私密，也已经很完整了。人们还没有做好心理准备。我希望这种理念很快就会被改变，这样的改变会给所有人带来好处，我们所有人都有同样的意图，即尽我们所能让每个人充分活出自己的生命，充分利用心理学的资源，充分开发自己的潜能，充分利用自己的精力，充分活出自己的热情——生命的热情。

不要介入患者的生活

长期以来，我们有个约定俗成的习惯，就是心理医生不可以离开他的咨询室。咨询室是个十足的框架，治疗的框架，旨在保护患者和心理医生脱离现实的干扰。该框架在治疗过程中扮演着一定的角色，因为它发挥着保护的作用。在这个框架范围内，患者和心理医生都知道该如何扮演自己的角色，也知道什么不应该进入该框架内。框架不是一个概念，而是我们能够感受到的一种存在，让我们知道这里安全、友善、不评判、具有开放性。但就像所有的框架一样，它并未排除人离开的可能性，也没有禁止人离开。只是，太多心理医生认为没必要冒险介入患者的生活，我并不认为这是一条时刻需要遵守的规则。有时，多一些了解或仅仅知道很重要——就是知道那些不一定跟心理护理直接相关的元素。这些元素虽是辅助性的，却可以给我们带来许多信息，最重要的是让患者感受到心理治疗不是脱离时间、离开地面的旅行，心理治疗要融入他的生活。正是这些连接的区块，让他与心理医生之间发生的事变得有意义，让他能够在现实生活中实践心理治疗的内容，并扩大治疗工作在生活中的影响。病患仅仅在框架内时症状得到了改善，痛苦减轻了，可治疗在现实生活中却无法实际发挥作用或不能充分发挥作用，又有什么用呢？

这就是心理治疗、新心理学的要求：保证患者的生命确实被改变，病情好转改善了他与自己、与他人、与生命的关系。

认知心理学领域的一个研究令我们震惊。有些孩子或青少年有学习上的困难，面对问题时他们无法采取适当的策略，他们的记忆力很差或还需要康复。近年来，研究人员开发了许多经过科学验证的认知康复训练、智力教育的项目，这些项目都很有效，在项目结束时，孩子们那些较弱的功能都得到了强化。只是，在项目中被证实的情况，在学校就不一样了。项目中取得的效果在生活中并没有普遍化，他们已经学到、理解了的东西，在现实中却无法应用。因此，神经心理学家经过反思，逐渐开发出可以普遍化的认知康复训练，经过这些训练的人离开研究所之后仍然能运用训练带来的益处。他们是怎么做到的？他们明白了要带来真正的改善，必须进行平行交叉；要想有效果，必须重视著名的元认知——在孩子学习、理解、记忆等的时候，培养孩子自己清晰地看到自己运用的机制，让他自己握有运转的钥匙，让他自己看见关键所在。他自己可以独立进行调整，在对的时候选择正确的工具，或在无法前进的时候放下这些工具去选择其他的工具。学习元认知，就是找到掌握自己的智力和成为自己的思想的主体。通过元认知，恢复自信，重新找回自己的能力。

所有心理治疗都有必要这样做。患者在咨询室填过的问卷调查无法让他真的有实质性的进展并过得更好。我们的挑战是让患者在他自己的实际生活中过得更好，只有明白这个挑战，我们才知道什么对我们有益，我们将扛起重任，因为借助心理学，我们学到了生命的齿轮运转的秘密。这就是心理学的角色，完全接受融会贯通、聚焦于心理治疗的核心、停留在框架内并整合框架外的东西——打破常规——所有一切都在框架外进行，只有这样，它的角色才算完整了。

彼此在一起

“亲爱的同行，我介绍我的患者埃米莉·杜朗到您那里去。三年来，我一直在治疗她的严重的双相情感障碍。现在请您看一下是否可以为她做点儿什么，非常感谢。祝好！”

这样的介绍信对我来说没有意义，字里行间患者的位置在哪里？现在就坐在我面前的患者，我需要知道在她身上到底发生了什么事。为什么下这样的诊断，为什么决定把她介绍给我，为什么用这样的治疗方式，为什么用那些药……把她介绍过来的那位医生在期待什么？难道不应该做一份心理评估，更加深入解释她的情况，并探索其他的可能性吗？之前到底发生了什么？她做过哪些检查？详细的结论是什么？

这种晦涩难懂的介绍信无法让我觉得满足，当然了，患者自己可以再跟我全部解释一遍，但她会从自己的角度、自己的理解、她自己希望的和能够吸收的部分去描述。再则，患者已经受够了一次又一次地讲述自己的故事，这真的是患者的责任吗？他们是唯一经历治疗过程的人吗？最近或更久之前见过他们、治疗过他们的人的观点非常宝贵，我们只有一起思考、确定问题、深入地分析，提出假设，想象可能的处理方案。在一起就好[1]。

我需要在延续性中接手个案，这并不是为了让自己安心，也不是担心自己会弄错，也不是拒绝接手和投入，而是出于职业的诚实。我们只是路上的一块石头，而不是道路本身。

告诉我你的感受，我就告诉你你的病情

我们所经历的一切都有多重意义、多种源头，出于多个原因。从一个症状就下结论说患者得了某种病，提出应该这样治疗或某种疾病属于某种病理，绝对属于这一种而不是另一种，

1 此处使用了安娜·加瓦尔达（Anna Gavalda）很美的小说《巴黎末眠夜》（法语原文直译：在一起就好）的名字。

这样的说法都过于简化，理论总存在这样的风险。理论因为努力去解释，容易变得自闭，有时候甚至很危险。我用“危险”这个词是认真思考过的，因为如果完全按照心理医生的理论和临床的指示，患者的病情可能会被判定为非常严重，或真正受影响，或仅受到轻微干扰。他们用症状重、轻或无症状来进行分类。患者必须知道，心理治疗有其限制。心理学专业的训练有可能是个陷阱，这让人有点儿担心，但这却是真的，所以当我们决定找心理医生的时候，必须清楚这一点。

伊莎贝尔觉得了无生趣，她挥霍着自己的生命。没什么可以让她产生动力，不管是她所喜爱、亲自选择的建筑行业；还是她那个看起来如此完美的家庭；或是跟好朋友——“闺密党”在一起的友情时光，都无法让她振作起来，从这种内心的萎靡状态中走出来。然而她也不觉得忧伤，反而在生活的各个方面依然极度活跃。她与丈夫的夫妻关系和谐，她的孩子们健康成长，建筑公司也发展得不错。一切都很好，她自己也知道，但无趣感隐藏在这些光鲜亮丽的背后，比一切都沉重。“我感到活着很无聊……”她向我坦白，“可是我做了那么多事！”无趣感是一种病吗？我们可以摆出所有的假设：无聊、正常、平庸，这些都是生活的一部分，没什么需要理解和研究的。存在的无聊让我们看清世界？或者无聊只是我们已经习得的行为的隐藏面，想放弃却未放弃的计划带来的？无聊，或许也让我们感受到自己连接于生命，让我们知道自己依赖于环境和他人。如果我觉得无趣，是别人的错……无聊作为抑郁症开始的症状，或周期性出现时可能是双相情感障碍的最初征兆，可能每天非常危险地吞噬着生命力？无聊可能来自高智商的人无法表达出来的对完美的要求？无聊是不是对所有疯癫的心理学家来说都是死亡的冲动，是未被满足的俄狄浦斯情结？……还是，无聊仅仅是一种抱怨，只是为了让人听见，希望被爱和倾诉呢？或者无聊只是暂时的，需要我们找到原因，然后放手……要是我们寻找隐藏在无聊背后真正的症状呢？……

我可以一直不停地写下去，这很容易。想象一下，一个心理医生带着测量仪器，把无聊作为数据记录下来，这是他作为心理医生所知、所学的，然后他在他的理论框架范围内给患者一个解释，唯一的诠释。这样，他的理论就有可能成为折磨人的工具了。明明是为了解决困难而工作，结果工作这个词却回到它的词源本义，即三脚架酷刑（tripalium）——真正折磨人的酷刑工具。

为了完成这个古怪的职业的使命，完成这个要求极高却让人充满热情的工作，我们需要的是一个工具箱。工具箱永远比一个简单的扳手更有用，因为扳手无法修理或拆卸我们内部引擎的所有零部件。

心理学亟须摆脱束缚，心理医生需要相信自己、患者和生命本身。生命总是更强大，就像在留尼汪岛南部的福尔奈斯火山爆发后，尽管黑色的岩浆变硬后覆盖在地面之上，可柔软的嫩草仍可以顽强地开出一条道路。这让我印象非常深刻，将要来的总是比已经过去的更加强大。心理医生的才华帮助我们突破自己的硬壳，通过所有可能的路径，让我们摆脱曾经被囚禁其中的多面玻璃镜球。心理医生不能被镜球其中一面镜子的反射光线蒙蔽了双眼，因为那些镜面只不过是我们的某些角度。在这个有上千反射面的镜球核心处，有个孩子吮吸着手指，缩成一团，非常害怕的样子，那就是我们自己。心理医生需要让我们在存在的光线中，重新发现活着的极大满足。

尊重

尊重，就是俯就，在所有比我们伟大的人事物面前俯身。伟大是我们可以看得见、经历得到的，不是外在的标准。还有什么比人——所有的人类、我、他人、所有其他人更加伟大的呢？我在自己的生活中自我感觉良好，或者感到自己如此渺小；这都让我感到生命如此伟大。与他人的相遇，是与他的人性的一部分相遇；物质的身体和我们深处的心灵一起震颤着。人性的一部分也是我们的脆弱性，包含了我们的希望、盼望、喜悦、痛苦、折磨、存在和生存的惧怕，害怕不会爱、不被爱，害怕不知道、做不到、达不到要求，达不到生命的要求。我们都会害怕。当我们能够彼此相连于这条使我们团结的细线时，我们就活出了生命的真谛，即真诚、真实。我们的精力都花在了假装、让人相信上，自己则躲在这些制造出来的幻象和错觉后面。

五十岁左右的邦雅曼，努力地在我面前创造出一个形象来。他就坐在我的对面，尽管他的生活看起来非常成功，他可以享受任何生活的乐趣，只是他仍然无力面对生命。他来见我，是因为他已经完全受不了了。他受够了假装，他非常紧张，为了身居首位什么也不能放手，他不睡觉，也几乎不吃饭。他的妻子厌倦了他对生活无止境的征服，离开了他……而他则变得更加追求征服感，以自己能够征服、吸引人为荣。在我面前，他继续这样的伎俩。他试着向我展示，他一个人完全可以处理这些，只是大家都建议他来看看心理医生。他向我展示，那几乎是一场相当成功的表演，他表现出自己的优秀品格、才华，还有他知道有哪些地方不对劲，以及他自己可以改善的地方。“我知道我自己，”他强调说，“我知道。”他的态度非常挑衅，他期待让我无所适从，不断跟我确认他不需要任何帮助，不需要任何人。但在他内心深处的小邦雅曼，害怕极了，竭尽全力、全心全意地喊叫着：“帮帮我，我需要爱。请帮帮我，我快淹死了，我真的找不到自己，我累坏了，我再也受不了了。我很痛苦，面对生命很痛苦。”我回归到自己的感受中，沉入——几乎就是字面意义上的沉入——他的困境深处。他的困境是我唯一可以触碰到的地方，与他真正相遇的地方。我跟他一起在那里，在黑暗中屏住呼吸，仿佛潜入深海中一样，在这样的海底深处，我们看不到任何表面的光鲜亮丽，我们已经离开表面和光线很长时间了。我紧紧握住他的手（当然不是在现实中！），带着他重新浮出水面，开始呼吸。他反抗着、挣扎着，最终放弃了。他哭泣着，然后又露出会心的微笑。我们终于进入重点了。人的脆弱性原本被小心翼翼地锁在坚硬的壳里，终于被释放出来了。我感受到对于被束缚的人性全然的尊重。

根基四

新心理学是投入的心理学

La nouvelle psychologie
est une psychologie de l'engagement

因为你，我在这里……

来吧，伸出你的手……

我不会放开你，我在这里，你可以相信我。因为是你，你是人类的一员，非常复杂也非常脆弱。而我，愿意投入这个职业中；因为你需要我，我会竭尽全力、做我能够做的一切来帮助你。

不，我不是无所不知的心理医生，而你正在我的面前瑟瑟发抖，你害怕不知道该说什么，你担心我认为你的问题、你的故事不值得我去帮助你，你唯恐我不理解，我帮不了你，我做不到。可你对这次咨询充满了期待。你已经承受了那么多痛苦，而且现在仍然非常痛苦，你已经受不了了。我看得出你的悲伤，你的眼神惊恐万分。你不知道是否来得对，自问是否真的有用，你疑惑心理医生实际上是否真的有帮助，你也疑惑自己是否来对了地方。你努力抗争着，生活让你喘不过气，你在寻找出口，有时却想直接放弃，放弃更舒服也更容易。但你知道放弃是个陷阱，只是你已经无力抗争了，你已经无法再承受一个人独自抗争，即便你的周围都是亲朋好友。

我在这里，确实在等着你，我的角色就是帮助你从困境中走出来，我做能做的一切，用最好的方式，尽我全力、全身、全心地带你走出来。我们将一起探索可以走哪条路去挖掘宝藏，那些被埋没的、你自己忽略的、属于你的宝藏；我们一起探索出路，即使是最隐秘的出路，我们找到后可以一起溜走；我们一起想象一些场景，你将在其中找回生存的才华，我们将发现你最真实最全面的样子，帮助你把这些样子活出来。敬请期待。你感到害怕，这很正常。为了帮助你，我在这里。伸出你的手，我们一起走向明天。

挽住患者的手臂

围绕他，拥抱他，按着温尼科特（Donald Winnicott）[1]所说的去抱住他。“抱住”这个词在法语中没有与之相对应的，指

1 Donald Winnicott, *Le Processus de maturation chez l'enfant*, Payot, 1989.

的是母亲把孩子抱在怀里，给予支持和保护。给患者这样的安全空间，让他安稳下来；在这个舒适的地方，世界一切的喧闹、呐喊和粗粝都被隔离在外。现在，在这里，一切皆有可能，因为我们在一起，我们是盟友，带着决心，紧紧相连。完全接纳在这里的这个人，就像把孩子抱在怀中一样，摇晃他、安慰他、让他安心，一遍遍让他知道他很重要，他极其重要，甚至不需要言语。生命一晃而过，每个人都很孤单，而我们在每个时刻都需要表现得非常优秀。至于去哪里，做什么，怎么活，我们过去的经历却没有告诉我们。

按着我们“赤裸”的样子，在白天黑夜都限制着我们的脆弱性中，无休止地啮噬着我们的疑惑，就这样被接待。我们不应该低估“接待”，它不是写在柜台接待处的两个字，这个词非常重要，但已经被滥用了。接待，就是完全接纳完整的他，用细腻、温柔的态度去遇见他，给他腾出空间，他所需要的全部的空间；接待，就是接纳对方的本相，接受他所是的最真实的样子；接待，就是提供自己的在场，让他可以安稳下来，休息一下，深深感受到被接纳。还有被爱吗？是的，稍后我再来讲这个主题。

治疗还是护理？

词源学真是宝贵啊！治疗即根除、拆除、拔除，让痛苦离开身体，就像牙医拔牙或驱魔人赶走恶魔一样。治疗具有很多有效的优点。在必要的时候，确实应该进行治疗，用药物治疗生理或心理上的疾病，可以拯救生命；在绝对必要的时刻，我们必须建议并要求患者进行治疗。否则，我们就是对于身处危险的人不作为。“掺水”的心理治疗最大的风险就是无法及时地给予治疗的建议。这种心理治疗包括未被监管的心理治疗行为、未经训练的治疗师、带着美好意愿的教练、未学过专业知识的从业者。心理学建造在许多原理和理论知识之上，有扎实、可靠、严格的评鉴系统，该评鉴系统原则上可以让我们区分好坏。当需要用医疗治疗来缓解或治愈患者的症状时，我们不能允许患者不接受。

但心理学最重要的作用还是“护理”，这是心理医生最核心的角色。护理，就是照顾、照料他人，在他需要的地方照料他，心系着他，以他为先，帮助他恢复健康，帮助他重新找到平衡。所有一切都是平衡的问题，困难让我们严重地左右摇晃，我们甚至有跌倒的危险，但心理医生可以轻轻地、体贴地，同时也坚定地在我们身边，帮助我们重获平衡。一旦重新稳定下来，心理医生的工作就完成了。

你需要什么?

“我不知道该拿亚瑟怎么办了，他快让我发疯了。做什么都没用，我全都试过了。”妈妈的眼泪在眼眶里打转，跟我解释说她的儿子非常消极，他什么都不想做，连着好几个小时玩游戏，拒绝跟家里人一起吃晚餐，直到天亮才睡觉，一刻也不愿放下手中的游戏机手柄……“这样他在学校怎么有办法学习呢？如果他这样继续下去，他会再一次留级，再也不会好好学习了……”这个个案当然不是很严重，但如果亚瑟真的完全自我放弃，如果他对游戏的瘾严重影响了他的社交生活，如果与父母之间的冲突激化，如果母亲因此而愧疚并开始抑郁，情况就很严重了。

我看到亚瑟的时候，他斜戴着一顶帽子，非常生气来到这里。我跟他说很高兴认识他，还恭喜他生气了，这说明他没病，他若为“被拖来看心理医生”而感到高兴才奇怪，正如他自己所说的，那才让人担心。我跟他妈妈说我非常理解她的不安，她可以相信我，我会尽我所能地帮助她，帮助她儿子。

现在只剩下我和亚瑟了，我直接进入主题。我承担起“旁白”的角色，仿佛在读字幕一样，提出一些我的猜想，其中包括我对他的理解，他的才华，他的困难，他的害怕……如果直接问一个青少年他到底怎么了，我们得到的答复只有一个：“我不知道。”我告诉亚瑟，如果我说得不对，请他立刻打断我。这时，我们之间慢慢建立了联结，他在这里，与我站在一起，我不再是一个入侵者、说教者，而是一个有可能成为盟友的人。关于电子游戏，我们可以理解这种控制感如何激励他：在游戏里他是行会的领头人，他带领别人，制定策略，领着队伍去开疆拓土。他很有名气，被当作英雄。肾上腺素刺激着他，当他不玩游戏时，一切都变得那么沉闷，他感受不到成功、征服的乐趣。尤其在学校的学习，真的非常困难，长期以来学业对他来说一直很辛苦，他很努力，成绩却一直不好……亚瑟需要成功，就像所有人一样。我跟他说：这是我们见面所带来的挑战。他笑了，他想成功。但他什么都不做，连最基本的努力都不付出，我要如何激励他呢？

我做了一个比较深入的评估。当然，他很聪明，只是很长时间以来真的有一些学习障碍[1]，可惜的是这些障碍从未被诊断出来，这让他的自尊严重受挫。很显然这也是原因。“缺乏动力”，“如果你更努力，一定会做到的”，“可以做得更好”，“完全没有努力”……从他小学一年级开始，成绩单上接连不断出现这样的评语。他自己也被困在这样的评价中，因为做不到而觉得无助、受伤、难过。因自己的学业不良

1 所谓的“学习障碍”指的是一些特定的障碍，像诵读障碍、运用障碍、计算障碍、拼写障碍、言语障碍……这些障碍可以通过复健训练被排除。只有在智商正常或超出正常水平时，我们才能下“学习障碍”的诊断。

让家人失望，他对此很难过。妈妈对这个所谓的“什么都不想做”的儿子很失望，也很生气。电子游戏拯救了他，他终于感受到自己有能力做一些事了。这正是他需要的。现在通过检查，我们知道他有一些学习障碍，但可以通过复健来恢复；无力感吞噬着他，让他感到愧疚，但很明显这个男孩子梦想成功并希望感到自己很强大，所以我们可以好好地使用我们的角色来帮助他，他就可以重新成为生命的主导者。

“你需要什么？”这是心理学的核心问题。我们需要带着谦虚和愿意帮助他人的姿态，按照他人本来的样子去帮助他，而不是让他变成我们希望他成为的样子。这个问题可以让我们像在跟一个孩子说话时一样蹲下来，温柔地平视他的眼睛，让他感受到我们的在场以及我们真诚的关心。“你需要什么？”主语是你，如果你不知道自己需要什么，你将无法回答我的这个问题。但在你不知所措之前，我会试着去理解你，而不是给你贴标签，或戴上有色眼镜去看你。你需要什么？在我看来，不管我们在他人的生命中占什么地位，这个问题对于所有人而言，似乎是唯一真正需要回答的问题。这就是真正的仁爱，从词源学来看就是bene volens（拉丁语），即希望一切都好；在意大利语中是 te voglio bene，即我希望你好。要做到这一点，我必须真的理解你需要什么。

每个人都是一个谜

没什么比自以为知道、自以为理解更危险的了。每个人都很不同，每个人都是一个谜，每个患者都是一个新的挑战。把对他人的理解归类到我们已知的表格中，这样做风险很大。直接把对一个人适用的流程、方法、治疗方式应用到另一个人身上，把这些治疗当作成衣一样。但是，心理治疗必须得像高级时装，用心手工缝制，量身定做。

与他人的神秘性相遇，是件迷人、引人入胜的事。带着初学者的好奇心，带着全新的眼光看待每一次的相遇。你到底是谁？在我面前的你，寻求帮助的你，我该如何了解你、帮助你？让我来靠近你、驯服你，然后解读你的那些秘密机制。

> 当我们选择了一个心理医生，可与他的面谈让我们觉得不舒服，我们就该相信自己。我们总是倾向于认为对方是专业的医生或知道情况的人应该是心理医生，如果面谈让我们觉得非常痛苦，我们会觉得这是正常的，看心理医生总是这样。我们甚至私下对自己说：痛苦必定是解脱的前奏，这个想法的根源来自我们的犹太基督教文化。为了好起来，我们必须先受苦，在隧道的尽头就有阳光，这意味着，我们必须先通过一条隧道。

> 有些心理医生确实不适合我们，并非因为我们不是一个好患者，而是因为我们所遇到的医生不一定符合我们的需求。就这么简单。我也可以说，就像其他所有行业一样，有好的心理医生，也有坏的心理医生。好的心理医生会进行自我反省，不会把自己的理论、自己对问题的理解强加给别人；好的心理医生态度开放，真诚地开放自己，接受自己会犯错，他可以后退几步，也可以加速前行，他坚持不懈、带着决心和谦卑的态度寻求帮助患者的方法。

我们必须保持谨慎、专注。我们常常有些确定的信念，这些确信让我们安心，但有时却让我们无法前进，而我们所有人都倾向于选择停留在确信中不再思考。而心理医生不能也不应该僵化在一个视角内，他必须始终用全视角来看待问题，不断转移焦点、扩大思想的幅度、时刻考虑到个体的独特性。最重要的是，永远不要忽略患者的个性、脆弱性、力量或才华的任何部分。患者也不应该只满足于被动接受护理，他应该感受到在治疗过程中自己是合作者、参与者，也投身于生命复苏的圆环中。心理医生邀请他进入这个舞蹈中，两个人必须都在行动。

以下是写给父母的话。如果心理医生提到你们的孩子，你们却怀疑他可能拿错病历了；医生确定地说孩子得了这样或那样的病，以这样或那样的方式活动着，可他说的话根本不符合你们对孩子的认知；若是这样，一定是医生说得不对。有时候你们会说：“您说的话，正是我们长期以来的感觉。”如果是这样，说明你们去对了地方，找对了人。你们是父母，是你们自己的孩子的专家。小心，别被某些心理医生的“帝国主义”吓到了。当你们把所爱、所教育的孩子交到心理医生的手里，医生需要跟你们一起确定孩子的障碍，他必须让你们安心，并让你们与他一起建立陪伴孩子所必需的默契和必要的信心。这样的话，你们就可以信任他了，因为这是他的工作。

父母也需要心理医生

父母带着自己的孩子经常会感到迷失，这真的非常合理，也值得注意。现在不是指责他们的时候，而应该想想如何在作为父母的冒险之旅——这个艰难、费力，有时苦涩但大多数时候充满了欢喜的过程——中陪伴他们。做父母的规则千差万别，每个家庭必须发明自己的模式和育儿方针，每个家庭都有自己的一套，很难统一，我们也很难找到自己的位置。“孩子出生的时候未携带使用说明书。”[1] 他们经常这样说，从中

1 这是我的医生朋友奥利弗·雷沃尔（Olivier Revol）的表达方式。

可以看出他们内心深处的恐惧和困惑。“作为父母，我没有使用说明书，我不知道该怎么做父母，我什么都不知道，我无法承受了。”

父母需要感到安心，他们不想再被指责得为孩子的问题负责任，不想被人指着鼻子骂，说他们才是孩子的问题的根源。而我们作为心理医生需要跟父母合作，积极协作，以恢复平衡。每个人都站在自己该站的位置，重点是大家一起解决问题。

孩子需要心理医生，父母也是，如果父母不在身边，心理医生也无法取得任何进展。父母必须参与其中，双方都需要，所有人都需要意识到这项任务很艰巨，我们要让人重新站立起来、往前走、开发可利用的潜在资源，包括自己的资源、他人的资源，还有生命本身的资源。

投入的在场

在场不是命令，而是需要去经历

“在场”是一个强有力的词，一个完整、需要人身临其境的词。在场，我们看得到、感觉得出来。有时我们以为这个词只有老师在上课点名时为了方便勾花名册才会用：到（présent，法语中在场和点名时的到是同一个字）。就算是点名时用的字，老师若在点名的过程中加上有意识的引导，给孩子或学生一个手势、一个微笑，说一个字让他知道：我看到你在哪里了，仅仅这样，情况都会发生很大的改变。

在场是一种活跃的状态，它不是一个命令，而是需要去经历。

在治疗中，我们的在场不再保持中立，不管是多么充满仁爱的中立都不可以。当我们卷入别人的生命故事，怎么可能保持中立？中立是因为无法肩负责任感这种普遍的困难吗？中立是不参与进去吗？按着我们所是的，带着我们所知的，加上勇气——这个发自内心的词是如此重要，表明了我们的意志和决心：我们决定帮助他人。心理医生不能就这样站在岸边，看着河水流过，他必须跳到河水中。心理医生的投入不只是一种选择，而且是让患者——不管是成人还是孩子感受到强烈支持的必要条件。支持他们，负重前行，而心理医生应该是负重的人。心理学的传统非常重视词义及它们的象征，支持不能等同于任何被动的状态……也不能与训练、推动、强迫、鼓励等任何心理医生事先决定好方向的词混淆。这是两个人的故事，一个关于相遇、建立关系和信任的故事。

在场是一个人送给另一个人的礼物，让我们感受到自己在对方的眼中很重要、很特别、很宝贵。无论我们五岁还是八十岁，当对方的在场是深刻的、真实且真诚的，在场就会成为一种承诺，让我们画出一座可能的岛屿（la possibilité d'une île，作者借用了法国著名当代作家米歇尔·维勒贝克的小说《一个岛的可能性》的名字，用来形容一个不为人知的天堂）。

马丁看都不看我，他的父母已经开始道歉了。他冲进我的办公室，对父母喊着说他口渴。父母很抱歉，为他辩护道：天气很热，地铁里都是人……马丁不想坐下，父母又一次道歉：他坐不住。他们向我解释，他们带他来见我正是这个原因……我好意打断他们，解释说现在还不需要他们讲述情况。他们带来了很厚的病历，马丁才五岁，但已经看了很长时间的心理医生，接受过各种诊断。马丁在我的办公室里转来转去，碰碰这个，摸摸那个，坐在地上，又站起来，从盒子里拿出一个玩具，翻倒另一个盒子，翻不倒的时候就把盒子弄坏……父母不停地道歉：实在非常抱歉……我没有回应他们，而是温和地跟马丁说话，马丁几乎不抬头。我并不灰心，他指手画脚。我一点也不着急地问他：你几岁了，上几年级，在学校里怎么样，跟同学、小情人、老师相处得怎么样。还有他的妹妹，一个肯定让人有点儿头疼的婴儿——这是我的形容。直到目前为止，马丁还可以跟我互动。办公室里的东西东倒西歪，他的父母继续道歉，不停地收拾。我建议他们安心坐下来：这是我的办公室，这是我的工作，场面在我的掌控之内，他们可以休息一下。我继续跟马丁讲话，他现在坐下来了，但还是不停地碰任何可以够到的东西。我们继续说话，我看着他的眼睛，慢慢地，他也开始看我了。

在我跟他父母说话之前，颇花费了一些时间。马丁的妈妈已经哭成泪人，她的丈夫非常惊讶。她红着脸，嘴角挂着微笑，哽咽着说：自从他们带他去看心理医生、其他医生或教育专业人员以来，这是第一次有人把这个孩子当作一个有尊严的人，尊重他，跟他讲话；这是第一次她觉得情况开始改善，真的有人可以帮助他们。我什么都没做，也没说什么特别的，更没有承诺什么，只是抓住现在这个时刻，在这次会面中决定性的时刻，我真诚地表达自己的在场，保持着人情味，就是这样。显而易见，在场是非常必要的。

在场不是命令，而是真诚的意图

在场不是一个概念，不是停留在精神层面的。它仅与身体有关，在场是连接于自己的感受，充分地相连。不是封闭在自己的里面，而是运用自己的感官去感受他人。活泼、强而有力、运用身体感受的在场，让我们为他人开放一个空间。这些时刻强大而丰富，这就是我们现在所知道的著名的镜像神经元带来的效果。在医生与患者的关系中，这些神经元对双方都起作用，我感受得到你从我身上感受到的，我开始与你同步。正如流行的说法所表明、已被现代科学所证实的那样：我跟你处在同一波长上。我们连接在一起，那是一种神经、情感和生理的连接。

这些难道不正是我们生活中最缺乏的吗？因为这样的缺乏我们遭受的难道不正是最大的痛苦吗？我们难道不是因此而最容易感受到存在的孤独吗？缺乏在场，缺乏他者，缺乏其他人。我们彼此交谈却未真正倾听，我们彼此微笑却心不在焉，我们机械地打着招呼，我们想着该说什么而不是听对方说什么，我们条件反射般地互动，身在心却不在。在场，是必不可少的，却也很罕见。在那里，真正地在那里，真正地倾听，百分之百清空自己，完全的在场就是简单地对他人说：我在这里，全心全意地等在这里，为了你。

“妈妈，爸爸，你们都不听我说！”

这句话说得多么正确啊！孩子这样表达，是他们还未学会抑制天生的需求，他们迫切需要被倾听、被在意、被考虑在内。而我们成年人，已经习惯了不被听到。我们为此痛苦，忧伤得说不出话，可我们不再祈求温柔、让我们重新获得力量、振奋起来的在场。我们不再要求，仅此而已。最令人震惊的是，我们自己也成了带来这种日常伤害的罪魁祸首，仿佛我们所有人都是某个运转机制的囚犯，自己却没有意识到。我们暗中抱怨他人没有对我们表达他们的在场，却没有清楚地看到自己也没有对他人在场。

身体从不撒谎

朱莉说着话，讲述着她生活的细节，好像念经一样，容易让人厌烦的嘟囔声。我打断了她，问她的丈夫责怪她不太在家、回家很晚、工作过于投入，为什么她把这些责备解读成背叛？她试着跟我解释，她需要感受到丈夫的支持，这是他们之间的默契。而他似乎总在照顾孩子们，维持日常生活。我善意地取笑她，或许她过分解读了。她在我面前辩解，似乎受到了冒犯一样。我沉浸在身体的感官感受中，吸收她的言语、情感，突然有了一种特别的感受，我感到我们的距离被拉近了。我问了她一个关于爱、关于她对丈夫的感情的问题，然后“猜中了！”。我全身起了鸡皮疙瘩，我确信我问对了问题，找对了方向，她有一个情人，她说不出口，我问她他叫什么名字。朱莉哭成了泪人，我们这才真正有了一些进展。

作为心理医生，我们的身体就是天线，捕捉对方的所有信号。当然，我们有自己的“知识包”、能力和经验，但如果没有身体的感知，这一切都派不上用场。头脑会犯错，理论会混乱，概念会模糊……我们运用治疗技术，遵循行业行规，可是……我们在原地转圈。有时却还以为患者已经理解了、掌握了，我们一起往前跨了一步。如果身体不是我们的指引，如果我们没有学会在这个时刻让身心合体、通过感同身受地对他人在场，我们就会失去一些宝贵的东西；最重要的是对于患者来说，我们不是他们所期待的样子。有了身体的参与，我们可以让这个时刻暂停，让言语自然流露，这样的言语才准确、一致、真实、有效。对他人的在场只能通过身体来实现，感同身受的在场实际上是我们唯一的治疗媒介。

“我什么都不想要……毫无意义，一切都毫无意义。不管怎样，我才不在乎高考呢！”我回答阿德里安：“是的，我很理解，这些压力让人难以忍受。”“我再说，”他不屑地说道，“我不想讨论这个话题。”是的，我知道，他父母给他很大的压力，他们很担心，所以他才会出现在这里，最初他非常拒绝。当然，我也知道让他通过高考很重要，这样他才能继续前进。但我问到他的爱好、爱情生活，讨论他感兴趣的话题。最终，我给了他这样的印象：我能帮助他前进，为了找到平衡他可以寻求我的帮助。我用话语挑衅他、纠缠他、逼他进行反驳，我让他看见那些他之前没看到的事实。时间过得很快，我知道预定的咨询时间快到了，但我不能没有收尾就这样结束了，我必须帮助他，但我不知道该怎么做。我们说到了电视、报道……我们谈到了信息的处理，不同媒体之间的区别。他说了他的观点，我引导他进行深入分析，突然我全身颤抖了，我一下就明白了，出其不意地跟他说："你为什么不做记者？"他惊讶地看着我，这可不是我们讨论的主题……而且他是理科生，正在准备考科学类的预科大学。四年后我再次见到他，他已经从巴黎政治学院毕业了，所选的科目和实习让他进入一家很大的广播台。他感到骄傲、快乐、充实。他热情地感谢了我。我其实没做什么，只是我的身体知道而已。

练习在场的重要性

练习在场，就是练习去感受，熟悉那些通过身体、我们自己的身体而发送的所有信息。情绪有其独特的表达方式；思想来来去去、有时在脑中驻扎下来，充满我们的精神世界，或者把我们拉向它们决定的方向。这时，我们身体的感知会调动我们的注意力，给我们提供很多线索。在场即身、心、灵之间协调后的震动。

> 我在这里，就在这里，跟你在一起。我感受得到，真的可以感受得到。

对患者在场听起来是很简单的一件事，可是真要做到相当复杂。在场是为了活在当下所进行的身体、心灵和精神的体操，经验非常重要。在场是精妙的化学反应，让我们可以同时、完全地与自己和他人连接在一起，同时保持着开阔的眼界——既专注又开放的在场。

> 在我们团队的周会中，我们心理医生讨论着问题和疑惑，一起思考给这个或那个患者的最佳治疗方案。这是个非常丰富的时刻，大家彼此信任地表达自己的观点，不用担心被评判，没有领域之战，充满真诚和谦虚地彼此分享。有时候有人提到自己跟某个患者在一起时会感到无能为力、无法前进，某个心理医生讲到自己不知道该如何医治这个患者。我经常会建议他们试试感同身受的在场，或者沉默，可以带出积

极、感同身受、热情的在场感的沉默。在场让每个人有安全感，即使什么都没发生，但在场让一切都变得可能。在场是一场赌博，对心理医生来说尤其如此，因为他总是愿意投入地帮助患者往前走。在场有时让人害怕……跟患者在一起，与做些什么非常不一样。

讨论、说话、倾诉

这几个词不是同义词。我们跟患者的谈话，不是一场无意义的讨论。心理医生注意在与患者的谈话中和从患者的言语中抓住、感受到、辨别出有意义的重要部分。他在患者说的字词中抓住需要回应的，把这些字词进行精细整理，建构治疗方案。倾诉是一种解脱、一个需求，也是必要的，有时候我们需要全力专注在这件事上。说话，在治疗中有很多种可能性。

“你跟这位女士在一起做了什么？”妈妈问她的女儿关于与心理医生见面的事。“我们说了很多话，”莱奥诺尔说。“你们只是说话了？”

在心理治疗中所有谈话都带来机会。当患者在讲述生命中的某个历程时，鼓励他用别的方式思考；打断他，提供一个新的视角、新的解读方式、另一种理解、另一种思考他人和自己的方式、新的道路、新的观点……不要让他总是复述同一个故事。用眼下很流行的方式来表达，就是心理治疗必须要带来火花。

为了你，我做能做的一切，直到无计可施

投入是一个承诺

承诺不仅限于一次的倾听，一次非常专心的倾听也不够。在改变的过程中，倾听是必不可少的。“在生命中，唯一我们真正需要的是被听见。”这是一行禅师[1]坚持不懈提醒我们的。被听见，需要的是对方的主动倾听。为了真正地听到他人所说的，我敞开自己的心灵和所有感官。我的身体就成了可以进行自我调整和聆听他人的言语的调节器。

主动倾听和单纯亲切的聆听很不同。在单纯的聆听中，我们听到他人的话语，试着去理解、分析、预先想好该如何回应及之后如何解释。主动倾听是对他人纯粹的在场，是承诺的缩

1 Thich Nhat Hanh, *Le Miracle de la pleine conscience*, L'Espace bleu, 1996 ; Pocket, 2008.

影，给对方真实存在的感受。主动倾听是让他人真诚地被听见，没有评判，带着温柔、和气。

承诺就是清晰地对他人说：是的，我会投入地帮助你，我们可以一起找到新的想法，想出解决方案。承诺是投入的一种保证，不排除任何形式、任何可能性、任何机会，跟或大或小的患者一起努力、带着耐心和毅力共同建造，这样，所有的行动都会是带来改变的种子。

承诺即誓言。我们职业的信仰宣告我们相信他人，相信心理学的“炼金术”，相信自己。信任，即“有信心”。

皮格马利翁效应

皮格马利翁是希腊神话中的一个人物。这个神话讲到雕塑家皮格马利翁爱上了自己创作的石像雕塑，后来雕像因为众神的恩惠而活了过来。我们还有一句谚语来形容这个故事：成为皮格马利翁，即成为一个鼓励者、给予恩惠的人，人们会因为他的鼓励而获得荣誉、成功。

在心理学上，皮格马利翁效应指的是一个强大的机制：如果我深深相信你无限的可能和你的能力，那么你就会拥有飞翔的翅膀，你将最大程度地开发你的潜力，获得超过你自己所预期的成功。关于皮格马利翁效应，我们有很多研究，目前它已经成为实验心理学中效果最强烈、通过验证最多的效应。

这个渠道（皮格马利翁效应）如此重要，应该成为所有心理学应用领域的中心。深深相信自己所看护的患者的能力，相信自己作为心理医生有能力帮助他，相信他所有的潜力，即使（尤其是）改善状况需要很长时间或将是个困难的过程。

用这样的眼光来看待他人总是总是——这里我故意用了两次副词来强调——让我们原本不敢相信的事情发生。

我们所有人都在生命的某个时刻遇到过无条件相信我们可以成功的人，有时虽然很短暂，但这样的相遇会让我们移到天平的另一端。只要我们经历过，我们的身体、肺腑肯定还记着这个感觉。皮格马利翁效应更多的是一种感觉，而不是理论。要是我真诚地相信你可以做到，你一定会做到。自我实现预言带来的改善是可以观察得到的，而且效果相当可观。

然而，皮格马利翁效应常常……只有在我们使用它的时候才会产生效果。心理医生若认为应用现成的方法或程序就能帮助病患，或采取中立的姿态不让自己介入患者的内心机制中，或认为自己的工作就像是人文科学的技术人员，这样的心理医生就错过了改变患者的最强元素。

塞莉娅很快就要三十岁了，但她的生活一片混乱，充满了痛苦。她还是青少年的时候就得了严重的厌食症，她住过院，输过液，连续好几周被切断了跟家人的联系——现在仍存在这样的治疗方式，我觉得这类所谓的治疗让人很反感。她经常严重地自残，手腕上还留着痕迹，那是重复尝试自杀的痕迹，有时是假自杀，有时是真自杀，有时是尝试……她的学业中断了，也没有工作过，仍然在服用安定剂，这是给那些无法适应现实生活的患者的药。她从小学一年级开始就去看心理医生了——各类肤色、擅长各种治疗领域、采用各种流行治疗方法的心理医生。

我承认我第一次见到她时有种强烈的反感。她的容貌、服饰、垂头丧气的表情、黏糊糊软塌塌的手……她没有勾起我治疗她的"欲望"……心理医生也跟其他人一样，都是人。但还是有一些区别的：他们可以也应该改变自己的焦点，聚焦在人、人性的核心之上，这个核心是心理医生遇到的所有病患所共有的。

我回到本质的价值，只看到一个——用现在年轻人的话来说——"生命走到尽头"的小女孩。那个小女孩被孤单一人丢在路边，没有人真的想帮助她，没有人真的对她有信心，没有人真的爱过她。她从未"可爱"过，可爱，按字面意思就是可以被爱。流行的说法是宁愿被嫉妒也不要被同情，塞莉娅让人同情……

我重新镇定下来，对着她微笑，我们可以开始了。我看她不再是个可怜的女人，她就是这样看待自己的，这是所有人，她的家人、社会赋予她的形象；现在我看她，她绝对是个有着隐藏才华的年轻女人，把这些才华找出来是我、我们的责任。

这不是一个理性的决定，而是身体和心灵的一个跳跃。我为了她出现在这里，就像为了其他所有患者坐在这里一样，我相信她，就像相信其他所有患者一样。我在意她，觉得她很触动人、敏锐、富有创造力。

塞莉娅现在是珠宝设计师，有一定的知名度，我手上也戴了一串她设计的手链。

爱自己的心理医生，爱自己的患者……

我可以爱我的心理医生？

我可以爱我的患者？

在治疗关系中难道不应该排除爱的关系吗？

在这样的关系中产生爱难道不危险吗？

治疗确实涉及一段关系，在治疗关系中，我们彼此相连，一起度过一段专属于我们的时光。

在心理治疗关系中谈论爱是一个禁忌，至少不能讨论我们所认定的爱。在法语中，我们只有一个词论及这种普世性的感情，这种感情是所有一切的源头，是我们所有人都在寻找的，让我们感受到自己还活着。

但爱不尽相同：我们爱父母、爱闪电泡芙、爱猫咪、爱在阳光普照的地方度假；我们爱我们的孩子、工作、新合伙人、脚指头、丈夫、暗中的情人；我们爱跳舞、日落，喜欢香奈儿的红指甲油或隔壁邻居涂的指甲油，我们很喜欢她的指甲油，她自己也一样。为了区分，我们加上副词强调：我很喜欢他……我们也可以说：我非常喜欢他，我非常喜欢我的闺密夏洛特或这座乡间别墅。我非常喜欢这家小小的意大利餐馆，我非常喜欢我们的家庭会议。很多人说我们会调整爱的倾向：人、物、时刻、事物、动物、生活……但通常，我们不爱变老——尽管年龄承诺了许多事情，我们也不爱疾病、死亡[1]。这些例外即爱的规则。

爱，不是彼此相看，而是同时看着一个方向，这是圣-埃克苏佩里说的。按照这个定义去思考治疗关系里的爱就容易多了。爱自己的心理医生，就是相信他到一个程度，可以把自己身心深处的情感、曲折、隐藏的羞耻、未说出口的秘密，都托付给他，带着安全感地托付出去，知道自己不会被评判。因为爱就是不评判……

1　Perla Servan-Schreiber, *Les Promesses de l'age*, Flammarion, 2018.

爱自己的患者，就是做一切能做的，陪伴他、引导他、指明方向、安慰他、使他安心，带他走向自己对命运做主的未来。

你的孩子不是你的孩子，
他们是渴望生命自身的儿女，
他们经过你来到世上而不是从你而来。
尽管他们与你在一起，但不属于你，
给予你的爱，但不是你的思想，
因为他们有自己的思想。
你是一张弓，孩子是飞射出的一支箭，
射手在无尽的路上看到目标，
他用力弯曲你，使箭飞得又快又远。

这是从诗集《先知》中截取的片段，《先知》是哲学家、诗人卡里·纪伯伦[1]送给人类的礼物，一切都说得很清楚，总结在其中了。

心理医生就像父母一样，用他们的爱、在场、真诚和无条件的投入，让患者可以飞向明天。

心理医生为了给患者存在和活下去、把自己的生命活出来

1 Khalil Gibran, *Le Prophète* (publication originale anglaise 1923), Pocket, 2012.

的力量而爱自己的患者。

问题不在于心理医生是否可以爱患者，而是我们必须假设心理医生要爱自己的患者。这样的爱不会让人窒息，不会让患者产生依赖或自我封闭，这是一种开放、支持、推动对方前进的爱。爱是一种鲜活的材料，有爱的时候，所有人都感受得到。感受到爱，就是感受到活在自己里面、内心深处的爱，带来生命力的爱。

心理医生是生命中的过客

我的童年时代在我的故乡阿维农度过，阿维农位于罗讷河边。要横穿这条雄伟的河流，我们可以乘坐摆渡人掌舵的渡船。渡船是一艘轻型艇，一条结实的绳索连接了河的两岸，小艇就系在上面，以免被水流带走失去控制。摆渡者根据水流的运动让渡船保持着必要的倾斜度，然后用一根竿子插到河流底部以推动小艇往前走。这个工作需要惊人的体力和注意力，摆渡人时时刻刻都要调整速度和小艇的稳定性，让乘客可以安全过河。

心理医生的工作与此非常相似，用尽全力，保证患者可以安稳地从河这边渡到另一边，从一种状态进入另一种状态，从一种思想方式转换成另一种思想方式，从一种生活到另一种生活。心理医生就是不放弃的摆渡者，一直注意着患者的安全。

就像我童年时的摆渡者一样，面对所有情况，他必须时刻保持专注，尽最大努力让患者前进。

要渡过罗讷河，需懂得跳舞，这是传统歌谣里唱到的。孩子们唱着这首歌谣时，会拍着手，从另一个人的手臂下钻过去。“要渡过罗讷河，必须要两个人，要顺利渡过，就必须懂得跳舞。来吧，穿过，穿过，穿过，我们一起来穿过。”要两个人，要跳舞。一个人挽着另一个人的手臂，跳着舞……心理医生就是那个挽着我们手臂的摆渡者，带我们走过困难的路段，在十字路口和生命的律动中带领着我们。

恐惧是我们的盟友

恐惧是非常强烈的情绪，让我们知道有危险，能调动我们的潜能，让我们要么直面危险，要么转身逃跑。在心理学中，恐惧是双面的。

我觉得去看心理医生是非常勇敢的行为。首先必须接受，我不太好，然后承认自己一个人无法处理这种情况；这同时也表明我们在意生命，在意自己的生活。这一点非常重要，我们必须记住这一点，并不断强化。即使患者病得非常严重，必须进行药物治疗，记住“他们就医代表了求生欲”也并没什么坏处。展现出自己的脆弱性，说出困难、疑惑，寻求帮助……寻求帮助也不是一件容易的事。

然后选择一个心理医生，自己的心理医生。即便现在心理治疗已经非常普及，有时甚至出现泛滥的情况，但当我们决定去看心理医生时，还是会突然觉得很焦虑。去看心理医生，好吧，但去看哪个心理医生呢？

如何选择心理医生？如何决定去看这个医生，而不是那个呢？在杂乱无章、迷云密布的心理治疗行业中要清晰地找到方位，对任何一个非专业人士来说都是一个挑战。

所以我们会参考这些人或那些人的意见，之后最终选定一个心理医生，打电话去约咨询时间。我们记录下日期、时间和地址，问题和疑惑包围着我们，惧怕浮上心头。到了见面的那一天，我们仔细观察一切：接待处、候诊室、墙壁上的画、从咨询室出来的患者的脸。或者我们只是乖乖地看杂志，心里的问题却一个接一个：我来得对吗？这可以给我带来什么呢？我该跟他说什么？我们害怕，真的很害怕。

心理医生必须接纳患者的恐惧，必须保护和尊重宝贵、微妙、脆弱的生命，以及见面对患者和对心理医生带来的挑战。

心理医生也会感到恐惧，如果他不害怕倒有些奇怪。他若不感到害怕，就说明他不会冒险，这就意味着这份职业对他来说就是个工作，就像其他工作一样，按着规矩操办，却没有真正的决心。当我们面对他人的生命时，总是一种挑战。恐惧意味着我们需要很大的精力、不愿意被击败以及坚持投入进去。恐惧也意味着在眼下，无法医治或不知道如何医治眼前这个病人。惧怕让人疑惑，让人开始反思，但绝不会让人放弃。

一起投入

消除一切距离

这著名的距离……我们预设患者和治疗者之间需要保持一定的距离，距离成了治疗过程中的一个要素。保持距离，否则我们有可能降低治疗效果……不，反过来才是对的，我们需要反向操作，我们必须那样做。靠近患者，从情感上靠近他们，保持密切的交流，有时甚至需要我们分享自己的感受。

一个心理医生，可以谈论自己吗？当然不是随便乱说，不考虑对象或对咨询毫无助益的情况下开口说。是的，当然是的，如果谈论可以让患者减少孤单感，让医生跟患者有真诚的沟通，彼此真心相待，可以一起投入疗程中，心理医生当然可以讲述自己过去生命里的故事。患者不是一个脆弱、微小的存在，而心理医生也不是没心没肺、无可指责的英雄。双方都是人，仅仅是人，在生命的海洋中浮沉，尽全力不要摇摇晃晃，努力往前走，在跌倒了七次之后，第八次还可以站起来……

请注意我的意思，我不是说必须为了我们相似的命运一起哭泣哀伤——我们的命运从不相同，而是敢于敞开自己，让对方感受到自己被深深理解，也明白自己被允许拥有人性脆弱的一面。

马里耶勒哭着对我说她年轻时曾被强暴过。当时的环境非常复杂，她不觉得这是她的错，但她承受着极深的羞耻感。她害怕男人，但不是所有的男人；她害怕其他人，但不总是这样。她对自己和生活的信心，尤其是对生活的信心彻底崩溃。现在她结婚了，但至今无法开口跟丈夫说这件事，她很担心这会给夫妻生活带来负面影响，虽然她也不太清楚到底为什么会有负面影响。她未对任何人提过这件事，也没对任何一个心理医生说过，即使因此不断出现焦虑，她看过很多心理医生，当然，她也从未完整地跟任何一个心理医生走完那些疗程。那时，我也对她坦诚了自己的经历，我从未对任何一个患者提过，也没在任何一本自己的书里写过：我在二十岁的时候也曾经被强暴过。这是我过去的一部分，它让我明白了很多事情，对自己有了更多的了解，对于我的勇气、任性、胆量都有了更深的认识。我在这里就不讲细节了，但这已经是我现在能够讲述的极限了。我对马里耶勒——这位与我同病相怜的女性，讲述了这段经历，不是以病例的模式，而是以我的一段生命经历来讲述，跟其他生活中遭遇的成千上万的不幸经历一样。那是属于我个人的生命经历，同时也是赐给人灵感的泉源。强暴的罪行是非常可憎的，令人无法接受，理应受到谴责，需要被重重责罚。

跟马里耶勒分享我生命中的冲击，可以让她以旁观者的身份，进入完全不同的情绪和理智的框架，把这些黑色岩浆转变成一个可以一起观察和分析的事件。当然，对我来说被强暴的历史早就已经不是个伤害了。跟马里耶勒不同的是，我曾经多次在自己的咨询室以外（即别的心理医生的咨询室里）讲述这个经历，我的家里人也都知道，这不是一个禁忌话题。但第一次跟我自己的患者谈到这件事，还是让我很激动，我几乎跟她一样激动。我们之间的治疗关系从未如此紧密过，就在这个亲密的时刻，马里耶勒终于相信自己可以解开心结，超越不断席卷她的焦虑。我们一起编织了一段生命和价值的故事，这个故事让她重新看见了生命的色彩，下决心抛弃那些在路途中毫无价值的东西。所有的创伤都能让我们变得有力量，如果我们接受这样看待事情，即使只是片刻也足够了，因为有时事件太过暴力我们无法长时间注视。接受自己是跟对方有着相似经历的人，让我们每个人都站在了自己该站的位置上，那就是作为一个人，一个会哭会笑的人的位置。

投入的规则

说出该怎样或该怎么做总是容易得多，因为听上去就像命令一样。但我认为必须有一些价值标准来衡量一个心理医生是否投入，我们无法避开这些标准。我们不可能愚弄自己，装模作样，表里不一，仅仅套着心理医生的外壳。对自我不真诚的心理医生，只有表面而虚假的身份。心理医生的姿态只能是深深尊重每一次与患者的会面、他人的生命、他人的脆弱性，也尊重他人巨大的期待。那是一种感同身受、负责任的姿态。这样的姿态深刻地改变着关系和治疗的进展，这样的姿态才能带来真实的改变。

—— **真诚** 是首要的价值。谦卑的心理医生可以真诚地说：实话告诉你我做不到，实话告诉你我不理解。我不是超级英雄，我尽力了，已经竭尽全力了，真的。

—— **正直** 保护着患者：我没有试图骗你，让你相信这些空话，引诱你相信我自己都未探索过的东西；我的正直可以向你保证我不会虚伪地假扮成另一个人，或去做自己都不屑的事。

—— **真实** 确保安全和建立真正的关系。如果我很真实，你可以相信我，真正地相信我，我不会背叛你，不会操控你，决不！

—— **透明** 比较困难，但最有效果。保持透明不代表什么都要说，但重要的事情总是要全部说出来：我不是在虚张声势，但我告诉你那些我认为对你来说重要的事，我理解了的事我就告诉你，我观察到的东西我不会隐瞒你，我不会回避你必须知道的事情。此时此刻，跟我在一起，相关的事我都会告诉你。

—— **诚实** 这是我们所期待的最低限度。我不会假装自己什么都会，什么都知道。我是一个有力量、能力、脆弱性、弱点、才华、创造力的人……跟你一样。

奥古斯丁给我的挑战是：请给他一个活下去的好理由。他不想也不再能认为他的生命有意义，他激起了我的兴趣，我很高兴可以再一次起飞。有点儿像决斗，我们不知道谁会是第一个放下武器的人。我不打算进行战斗，只是接受他的挑战。他寻找我，找到了我，但在那里，或许不是我本该在的位置，他希望我在那里跌倒。我带着这样的情绪看着他，跟他分享我自己的问题：怎样才有意义？什么可以帮助我们找到意义？谁又能真正诚实地回答这个问题？这是我们每个人生命最深处的问题，有时我们为了继续前进，假装忘了这个问题。这个问题让我们感到害怕，因此制造了生活的紧张感。只是这个无法解决的问题，几个世纪以来一直困扰着科学、艺术、哲学、灵性等。

这个问题盘旋在我们心里，就像奥古斯丁的感受一样，我们无法找到答案成为厚重的屏障，让我们的整个生命无法动弹，我们成为这个难以回答的问题的囚徒。

我开始跟奥古斯丁谈论我们的疑惑、信仰和信念……我诚实地跟他解释自己是怎么做一点儿微小的安排，让生命看起来比较有吸引力，也让自己更有动力活下去。我跟他说我相信一个比我们更大的存在，那是一个宇宙性的灵性智慧。这只是我的信念，我没有要他认同，一刻也没试过要他相信这对他来说是一个有效的答案。我们深入讨论了这个无底的问题，我们像孩子一样争吵着、笑着。我们提出古怪的或是严肃一些的或危险的、各种各样的假设。

奥古斯丁重新有了精神。如果我可以诚实地跟某人说到困扰我的问题，这个人不会直接给予现成的答案或试图让我相信虚假的信念，我至少可以相信一段人与人之间的关系是可能的。这对于寻找生命意义来说也是很重要的第一步……

我不知道该如何开始

这是很多人开口说的第一句话。当人们第一次来到心理医生的咨询室，仿佛一切都纠缠在心里，这有点儿让人害怕。有太多事情要说，可是该说什么呢？如何用言语总结一个人的生命、问题，还有惧怕？

我总是回答患者，这很正常，他无法知道说什么，他也无法在凌乱的状态下说出一切。让一切规整并排列好，建立优先次序，这是我的工作和任务。

清空口袋，字面意思的清空口袋。我很喜欢这个清空、倒空口袋的画面，我提议让患者把口袋里所有的东西都摆到我的办公桌上，乱七八糟也没有关系，按着它最自然的状态就可以了。接下来我会进行整理，我们一起看看有哪些需要丢掉，因为留着没有任何意义；有哪些需要按主题归类；有哪些暂时就乱七八糟地放在一边，因为到目前为止，我们还不知道要怎么处理……这是我作为心理医生的工作，而不是患者自己需要把思想、情绪、复杂的生活整理清楚，他就是需要别人帮忙理清才来到这里的啊。我们不可能几天、几周、几个月、几年这样干等着所有混乱消失，我们需要去整理、清除、重塑、劳作、挖掘、播种，我们需要努力完成这些艰辛的工作：腾出空间、整理出秩序、找回意义、留出空地、画出清晰的界线、找到出路……当然，我们决不强迫患者，但可以邀请患者进行他独自一人不敢进行的探索，看到他以前无法想象的东西，尝试他以前想都不敢想的事情，品尝以前对他来说完全怪异的感受。这是我们作为“蜂鸟的责任”(《蜂鸟的责任》是阿尔及利亚裔法国人皮埃尔·哈比的作品，哈比是当代散文家、小说家、农业专家、生态学家，他创建了“蜂鸟运动”。在这本书中，他写到在森林起火，所有动物都放弃生存的时候，只有一只蜂鸟努力用嘴巴衔来一点点水，希望浇灭大火)，蜂鸟知道面对他人和生命本身的壮阔自己非常渺小，但它仍然不遗余力地努力，为恢复生命的权利而抗争。生命对蜂鸟的期待，是即使它感受到自己和他人的极限仍然不泄气，因为它相信每个人都有能力做许多事，每个人逆风而行的力量有时可以非常大，心理医生也不可以屈服、退缩、放弃，永远不可以！

先自助，心理医生才能帮助你

这个概念有点儿复杂。为了使你的帮助对别人产生效果，你得先帮助自己。自助，即开始往前走，开始行动，就是真正决定我们要前进，有时甚至是决定我们要改变。我们可能会认为所有去看心理医生的人都有这样的意愿。意愿，这是一个很好的词。愿意改变，从自身开始行动，而不是全身心寄希望于奇迹发生——心理医生带来的奇迹或一次相遇的奇迹。我们必须真心地想改变，并且相信能够改变。

相信自己有改变的能力，相信心理医生有能力帮助我们。作为患者，我们必须“下水”，而作为心理医生，必须把患者往水里推。我们不能让他站在游泳池边等待，等了半天最后说：我们四肢无力，现在不是时候，会碰钉子的……这是一个患者和心理医生双方积极、主动、不妥协的合作，双方都各自承担风险。没有人可以等待着发生一些什么，双方都必须努力让情况发生变化。

莫德无动于衷的样子令人感到沉重。她来见我已有三个月了，是为了解决夫妻之间严重的问题、工作上的问题，可什么变化都没有发生。我们的会面没有改善任何事情，我给她一些建议，她不去做；她在越来越僵化的生活中也没有任何改变。我们一起做精细整理，她却没有任何反应。这时，陷阱正敞开双臂等待我们落入。我需要继续行动、思考，不要被她的无动于衷影响，不要开始心不在焉，不要只是等咨询结束，不要只是无聊地看着手表，不要放手，不要等着她先开始行动，不要因为她的放弃而“放弃”。作为心理医生，我们也可能落入陷阱、放弃我们的职责，甚至在我们自己都没有意识到的时候失去活力。我、我们需要时刻不断地保持警惕，小心地注意不要掉进这样的陷阱。不要放弃，永不放弃。重新开始，深吸一口气，让麻木的患者复苏。这也是投入的一部分。

解决方案来自你自己

解决方案来自你自己，这个想法有利有弊；很有诱惑力，但同时也很容易让人产生愧疚。

那么，如果我做不到，有没有什么替代方案？虽然有解决方法，可是我不理解，我看不到，也无法用起来，我真的这么没用吗？

解决方案来自我们自己，这样的想法容易让人产生误解。有些患者非常认同这个想法，所以他们就会说："是的，我知道，你不会给我提供解决方案，我得自己找到它。"不是的，不完全是。找到解决方案，是我该做的事，也是你出现在我的咨询室的原因。心理医生的工作就是贡献自己的力量找到解决方案，减轻患者的痛苦。贡献力量，意味着我必须投入，跟你一起投入，而不是让你一个人四处游荡、自己摸索、找到接近的方法，然后时间就过去了……我会尽我所知道的，展开我的想象力，四处搜索，贡献我所有的技能，投入我的感情。我也会紧张、害怕、犹豫，但我不会让你一个人寻找解决方案，尽管解决方案来自你自己，你应该找到它。但让患者沉浸在扭曲的痛苦中，这是一种暴力。患者的情况就像四处蔓延的荆棘，所有的一切都刺痛我们，都被卷入进来，都被扼杀了。去哪里寻找解决方案？心理医生必须在这堆杂乱无章的荆棘堆里开辟出第一条道路，他必须成为第一个冒着风险、直面危险、被刺扎痛的人。这是他的工作，他怎么可以不承担这个职责呢？

如果你家正处于青春期的孩子患了腹膜炎，你会问他要不要进行手术吗？

“我儿子/女儿不想来，我不能逼他/她。”“如果这个青少年不同意看心理医生，你自己来看也没有用啊。”第一句话是父母说的，第二句则是心理医生说的。我们常听到这些话吗？还好，青少年不急着去看心理医生，他会反抗，他认为自己无所不能：这是这个年纪的孩子神经发育特有的。还好，他认为“骑上哈雷摩托车，我不需要任何人”〔法国20世纪五六十年代的性感偶像碧姬·芭铎（Brigitte Bardot）的一首歌的歌名（*Je n'ai plus besoin de personne en Harlet Davidson*）〕，还好，他是个青少年。直到这里，一切都还好。

我们是成年人，在这种情况下，我们拥有成人的资源，并不是说我们知道些什么，而是我们可以寻求帮助。我们是担心、在乎青少年的人。

如果你家里的青少年得了腹膜炎，他大喊着不要做手术，难道你就不带他去急诊吗？你是认真的？你真的会就此放弃？面对这种紧急情况，没有父母会依从孩子的心意，放任孩子不管。但为什么涉及看心理医生时，我们就采取不同的处理方式呢？看心理医生有时也是关乎生死的，关乎生死是因为这涉及他此刻和将来的生命。不要觉得表面看起来不严重，就低估了心理疾病带来的影响。我们永远不该忽视心理健康。

“那么我该怎么做？”困惑的父母问道。

“把他带过来。我唯一不能做的事情，就是去你们家把他叫过来。”

“我不能强迫他啊。”

“可以的，你们必须逼他来，我们没得选。这是一个决定，我们无法避免。”

“我绝不可能做到。他比我高二十厘米，比我强壮多了……”

“是的，我很理解这非常困难，但他感觉得到你们的害怕和犹豫，他知道可以钻空子，他可以溜走、反抗。他去学校你们不用强迫吧？”

“需要，当然也需要……”

“你们在心底深处认为强迫他去学校没问题。那可以试着用这样的认定强迫他来看心理医生吗？如果一个人不行（这类谈话通常发生在心理医生和青少年的妈妈之间），有没有人可以帮忙呢？他的父亲、朋友、表兄弟、教父，或者他的医生？”

接着，心理医生采取行动，他负责跟青少年建立关系。“我为我的玫瑰负责。”小王子说。“我为我的患者负责。”心理医生必须这样回应。我可以驯服你，我可以靠近你，我保证不吓跑你，让你安心，让你感受到我真的愿意帮助你。通过心理医生让青少年产生动力，让后者愿意进行心理咨询。心理医生有责任让青少年明白心理咨询对他有好处，那些好处是非常具体的。心理医生应该让青少年产生“想要的欲望”，愿意下次再来见心理医生。心理医生要让青少年相信，他会紧紧握住他的手，他们一起出发征服未知之地；带着好奇心，一定会收获满满。

真的有用吗？

当所有人都在前进的时候，那么一定有用。只要所有人的力量、意图都朝着同一个方向，那么情况一定会有所改善。心理医生没有一口烧煮神奇药水的锅，药水出锅就可以治疗所有的不适、疼痛和世上的不幸。如果我们认为心理医生有神奇药水，那么所有一切将不会有任何改变。心理医生只能是他自己，拥有一些工具、材料、精力，愿意投入地去帮助患者生活得更好。患者有意愿，心理医生投入，才能真的有改变，这样事情才能朝好的方向发展。有进展是一个过程，而不是目的地。有进展，是因为两个人都在往前走，即使只是往前走了一小段路。有进展，是因为心理医生不是假装知道怎么做，而是真正地参与进去，如果结果没有预期的那么好，他会知道，也会谦卑、镇定地告诉患者我们能够找到别的解决方案，那可能是用另外的方式，也可能是跟别的心理医生。他本人当然还可以是患者寻求帮助的对象，他一直在那里，患者可以来跟他交谈，给他写信；他对患者接下来的人生际遇感兴趣，很希望了解他新的情况，也继续关心着他；不是出了咨询室的门，一切就都结束了。就算这个心理医生已经不是一线的治疗者，患者的生活对他来说仍然是有意义的。就算只有这样的心态，咨询也会非常有效。

关系，否则一无所有

我们很久之前就知道了，而最近许多元分析也证实了这一点。不管心理医生的理论取向、方式、方法是什么，采取什么疗法，让治疗结果不同的唯一且独特的因素只有一个，就是与患者的关系。在心理学上，我们称之为治疗同盟，这是从心理分析来的名词，后来所有治疗方法都使用了这个名词，它是成功治疗的主要“正面成分”。

治疗同盟表达的就是心理医生跟患者之间“一切都很好”，患者有信心，信任心理医生，二者之间建立了合作关系，他们在这个彼此投入的过程中是合作者。有时，我们仍然听到关于移情和反移情的言论，这也是从精神分析而来的名词滥用。移情指的是患者把自己的过去投射在心理医生身上，反移情则是反过来，是心理医生因患者而产生的感受。

那么，是的，所有一切都连于关系，连于相互的信任。这是已经被验证的事实。

关系是不是仅仅如此而已？建立关系的过程是必需的，几乎是可以操作的，所有好的心理医生必须知道怎么开始一段关系吗？关系难道不应该是在心理医生和患者相遇的过程中更隐秘、更微妙、不那么理性，带动情感、情绪、感受的复杂反应吗？关系关于爱，无条件的爱。是这种爱带领着我们一起走到最后，不忽略任何一个细节，考虑所有一切，运用整体的概念，每走正确或不正确的一步、每个出口、每个闪光的时刻，都彼此信任。关系带来治疗。关系让我在生命最初开始绽放的日子里存活下来，真诚、充满爱的关系重新给予我生命。心理医生跟患者之间应该是这种关系。

是的，关系也有风险。关系意味着重拾最初的依附模式，在情感上依赖他人，这让人害怕。不管对患者还是对心理医生来说都一样。

关系不是一条平静的长河

治疗同盟可能会遇到障碍，也会有曲折。有时，患者会很生气，会怪罪心理医生，也会很难过，觉得不被理解。心理医生也可能被患者激怒或在停滞不前的情况下感到挫折，可能会有无力感，觉得自己能力不够，或认为患者没有按着他所说的去做导致治疗停滞不前。这是在所有关系中都会遇到的风险，即使在治疗关系中也一样，尽管心理医生在经营如此特别的关系上受过训练，理论上不应该发生这样的情况。

但在心理医生的实际工作中，这样的情况还是会发生。在这种时候，心理医生在这段关系里的投入程度，决定了他是否能够从这种危险的状态中走出来。这时心理医生需要谦卑，平静地接受自己的无能为力，不勉强对方接受但能够感受到自己的情绪变化。要知道在关系里的这些情绪是正常的，这是我们自己的情绪，跟患者无关。遇到困难后产生放弃、不再承担责任的情绪总是比较容易。

我们参与正在发生的事件，我们不是观众，我们必须训练自己去感受情绪，解码情绪带来的加密信息，然后带着更加坚定的心回到治疗的行动中，因为在这样的关系里，我们扮演着非常重要的角色。

> 我很生气，卡米耶让我生气。她觉得自己的不幸都是别人导致的，她不接受是自己的问题，也不想改变看事情的角度。我尝试了很多种方式，建议她改变视角，这样才能改变她跟世界、其他人和自己的情绪之间的关系。我不断聚焦、不断回到我的内心。愤怒让我的内心震动，我要使用它的能量。这样的愤怒，我的愤怒——我无法帮助卡米耶；我想也是她的愤怒，她感到孤单、被遗弃，觉得这很不公平。我的眼泪在眼眶里打转。对愤怒的感受让我打开心扉，开始与她的害怕进行共情。我改变了与她的关系，真诚地安慰她，仿佛她还是小女孩的样子。我之前做不到这一步，那时我还未感受到愤怒，可正是愤怒让我理智上被卡住了，让我无法同情她。同情却是卡米耶需要的，真正需要的，这会让她感觉好一些。

共情还不够，还需要同情和好感

共情是观察、感知情绪的能力。共情可以与情绪有关：我感觉到你的情绪，但我不会把我的情绪跟你的情绪混在一起。它也可以与认知性有关：我理解你的情绪和想法。我们也说共情关怀，英语中的care表示：我想帮助你、安抚你、照顾你。

共情是心理医生和患者相处的核心，它时刻引导着心理医生面对患者对自我进行情感、情绪、认知上的调适。共情超越言语，拉近人与人之间的距离，它是一种情感上的亲密运动，此时此刻在这里，它把我们连接在一起，让我们团结，这是人心与人心的相遇，是被创造出来、被编织并被强化的充满安全感的环境。

共情有形状、结构、气味。我们可以感受到共情，患者能敏锐地感知到心理医生是否拥有共情的能力。因为患者多么需要共情啊！

再进一步，我们就可以区分共情与同情了。与患者一同受苦。接受与患者一同承受痛苦，目的不是一同停滞不前，而是让他放下自己的痛苦。我感受得到你的痛苦，我敞开心扉，你可以卸下你的痛苦，放在脚边，我会跟你一起查看，我会安抚你，我会照顾你。我不会拿起你的痛苦，那是你的痛苦，但我可以跟你一起承担，让你轻松一点。背负痛苦总是沉重的，非常沉重。

最后一个词：好感，在治疗中有什么用呢？好感，在古希腊文中是sun和pathein，sun即“和”，pathein即“感受”，跟他人一起感受。对他人有好感，是一种深深、温柔地被吸引，觉得对方很可爱，让人产生爱他的想法。在心理学上，好感有其重要的位置。好感让两人互相吸引，达成一致。发现患者有吸引力，或觉得心理医生有吸引力，都非常好。好感非常重要：在这样的感觉里，一切更温柔、更轻松、更快乐。好感对心理治疗有好处，会加强关系、安全感，双方都会更加投入咨询中。

激情不是一种选择

我们所有人凭着直觉都知道激情的意思。我们知道激情给生活带来色彩、凹凸变化，赋予我们的生命以意义。有时，我们也会害怕激情，因为激情来的时候总是带着暴力，非常紧急。这恰恰就是激情。一个孩子、青少年、成年人在生病、痛苦、路上遇到障碍、跌跌撞撞的时候就是急迫的，他们迫切地需要好起来，迫切地需要好好活下去。

心理医生只有充满激情才能好好工作，那是对于人的激情。

护理的挑战，在于需要有必要的热情。

矛盾的是，充满激情地工作，比起有保留地工作或照例而行，更不容易疲倦。当我们完全投入所做的事情中，全心全意付出自己，我们会感受到一种情绪上的欣喜，即使工作本身有时很困难——尤其在很困难的时候——我们需要接受挑战。许多研究[1]证明人们越是聚焦在所做的事上，就越容易感受到极大的满足。我们的身体会分泌出多巴胺刺激我们，分泌出催产

1 Mihaly Csikszentmihalyi, *Vivre*, op. cit.

素安慰我们，还有血清素让我们稳定，内啡肽让我们欣喜若狂。一天的咨询结束之后，我从未感到过疲倦，反而像充了电一般，受到很大的鼓舞；只有在任务不需要太多投入、太容易、太墨守成规、没什么风险的时候——我才容易觉得疲倦。这对所有人来说都一样。

我们会再见面吗?

艾玛脸红了，这是我们第三次见面。她低垂着眼睛，她知道我们今天的咨询快结束了。她想问我一个问题，这个问题我可能会觉得很蠢，但如果她不问，这个问题会一直困扰着她。她问："你见我是因为你很熟悉的人推荐我过来吗？"

第一次咨询结束时，我确实问过她，就像我对每个成年患者说的一样：好好考虑清楚，再决定要不要继续来见我。经过这第一次见面，她已经知道了我怎么工作，我的个性大致如何，知道我不会放过任何一个细节，我经常抓准时机介入已发生的情况，而且节奏相当稳定。所以我跟她说我不希望她马上回答我，她需要先感受到并在内心深处认定我可以帮助她。如果她认为我是合适的人选，她可以再打电话跟我确认。我跟她强调："我个人很愿意，因为我知道我们可以一起做得很好，我很愿意继续见你，很愿意跟你一起工作。”

这是我们第三次见面，所以我做了选择，她也是。我提醒她我们第一次见面快结束时，已经说过咨询是我们彼此的选择。“是的，我知道，”她回答我，“但我需要更加确定。”

确定被爱？确定自己的要求、寻索是合理的？确定这不是一个随意的选择？确定她是“被选”的那个人？

在这一系列的过程中，没什么是无关紧要的。心理医生需要负上的责任是巨大的。决定进入一段心理治疗确实冒着很大的风险，无论是对患者还是对心理医生来说都一样。双方都冒着风险，可能会拖对方的后腿，让对方偏离原来的轨道，接受另外一种存在、思考和生活的方式。所以，我们必须意识清楚地做出这个决定，一旦决定，我们就承担着另一个人的生命。我们不能替对方决定，可是我们一起走出一条新的路线。这并非无足轻重，事实恰恰相反。

心理医生的跟踪治疗

你呢，有心理医生对你进行跟踪治疗吗？谁是你的心理医生？得有心理医生跟踪你的情况！是的，我在跟踪治疗这个患者！现在我有很多患者需要跟踪治疗……

这个说法在不知不觉中让我们产生一种姿态，而我们必须改变这种姿态：心理医生不**跟踪**治疗他的患者。想象以下这个场景：患者往前走着，心理医生跟在后面，他跟得上或跟不上，他拖着脚步，患者从他的视线中消失了，患者走得太远了……我们勾勒出的这个画面，描述了长期以来心理医生的位置，但你们应该知道，这显然是不正确的。

我们不跟在患者的后面，我们走在病患的前面。心理医生照亮路程，排除路障，设置路标。他处于绳索的顶端，每走一步都需要确保每个人的安全，确保每个人都在前进，每个人都在尽自己最大的努力。他赋予团队前进的动力，当遇到各种困难的时候，只有相互信任大家才能继续往前走。不管遇到任何困难、不顺利或起伏，心理医生都要确保对方和自己在安全的路上，大家都在慢慢进步中。

心理医生本身就是工具

在治疗过程中，我们还应考虑到心理医生的个性。心理医生介入另外一个人的生命中，但他也是个脆弱的人，只不过他学过如何去面对这些情况，如何接受如此大的挑战。然而，他也只能依着自己的个性去做这些事。心理医生不是机器人——

至少目前还没有机器人心理医生，他无法不显露出自生命经历留下的痕迹、他的感受以及患者的经历在他身上带来的影响。这样的流露不是为了刻意跟患者分享什么，而是让自己能够表里如一、对准自己的价值，清楚意识到自己内心的状态，患者在这个当下如何引发他内心的回响和感受。

心理医生永远不能吝啬表达真实的自己。经常有心理医生——尤其是年轻的心理医生——容易对自己的行为进行修饰，仿佛存在一种心理医生的“制服”，需要穿上该制服来确保自己的位置。制服是识别的媒介，让人看出穿着它的人归属于某个行业。但在这里，我们所期待的心理医生真正的行业制服，在心理医生的里面。心理医生的个性是整个治疗配备的一部分。一个充满人性的心理医生，需要完全按着他自己的样子、带着他所有的工具投入治疗中，而不是穿上制服、按着所学的程序去操作、总是使用同一种方法论。心理治疗是一个真实的人与另一个人真诚地相遇。

只有付出这样的代价，患者才可以在所有风浪中安稳下来，正是这些风浪带他进入自己的生命。

我很想要一个导师

导师是一个智者、向导，照亮我们生命路径的人。导师是榜样，他也完全信任最真实的我们，不管我们是怎么样的。

我在咨询的时候经常听到成年人或稍大一些的青少年说，他们生命中最缺乏的就是一个导师。

如果有一个人看顾我们，带着仁爱、不评判地指示我们不要偏离主要路线——那是我们人生的路，我们就可以将他视为榜样，依赖他，安心地前进。导师的在场让我们觉得放心，他是我们坚定的支持者。他没做什么特别的事，只是这个人对我们很特别，是独特的。他给我们建议、意见、引导，陪伴我们。我们向他看齐，因为我们知道他只希望我们拥有最好的，他能够也有能力为着我们的好处——而不是他自己的好处——给我们指明方向。

心理医生的角色跟导师相差不远。心理医生在他的位置上，用仁爱的态度相信患者自己有办法成为应该成为的人。心理医生就像导师一样，是身份认同的一种支柱。他在一段时间内，取代患者童年时代父母的形象。他的个性、态度、认同并捍卫的价值观、生活和做事的方式，绝不可能是中立的。患者可以从心理医生这个人身上找到认同，看到自己；心理医生有点儿像灵魂的镜子。他在默默无声中让患者知道：如果我可以投身到对你的治疗中，你也可以完全地投入你的生命中。心理医生，只需要做真实的自己，就可以建立依恋关系，打造身份认同的形象，从而让患者触摸到自己的潜力。

在心理医生扮演的主要角色中，有翻译这一角色，好像我们是小宝宝，外面的世界对我们来说是陌生的。为了理解这个世界，赋予其意义，在他们身边的人需要帮助他们解读那些代码，去驯服这个世界。威尔弗雷德·比昂（Wilfred Bion）[1]的理论虽然离现在已经有些时日，但其内容很丰富。该理论认为成年人有能力把起初完全没有意义的元素——他命名为 β，转化成有组织、前后一致的思想，即元素 α。婴儿嘴巴发出吧吧声，成年人可以诠释出来。患者说话、提起某件事、摸索着，心理医生把这些信息联系起来，赋予意义，使之连贯起来。

心理医生通过自己这个存在、在时空中与人相遇的情感经历和对导师这个角色的投入，才使“解码器”、调度员的称谓有了意义。

1 Wilfried Bion, *Aux sources de l'expérience*, PUF, 1972.

根基五

新心理学是一种“带来结果的耕耘”

La nouvelle psychologie
a la culture du résultat

“带来结果的耕耘”指的是什么？

像埃皮纳勒版画一样

耕耘，多么美的画面啊！法国的乡村景致，田野、文化、辛勤耕种的画面。我们被推回到大自然中，耕耘土地残酷而艰苦。耕耘只有一个目的，让农作物尽可能又好又多又顽强地长出来，才会有后面的大丰收。“耕耘”这个词蕴含的信息很明确，没有任何异议：“耕耘”必须产出食物，喂养人类。

在心理学上，“带来结果的耕耘”同样根植于一片土地，这里确实很适合使用“土地”这个词。我们不能忽略我们让什么东西长出来，以及我们将要收割的是什么。心理治疗不能满足于田地的闲置，还借口说：总有一天会长出东西的；更糟的情况是认为天气不好或我们每个人都有自己的季节而放任作物就此腐烂。

天气对于农作物来说最重要：雨水太多就被泡烂了，阳光太多就被晒焦了，太冷就被冻伤了……在心理学中，生命的季节也具有决定性：我们每个人都处在生命的不同阶段，每个人都在不同的季节，对孩子来说尤其如是。在心理治疗中，我们有办法掌控这些阶段，并决定停留在哪里。生命的季节与外部条件无关，它在轮替，心理学的季节也如此，一起来吧，不要再等上许多年了……

有证可循的心理治疗

我们的时代讲究证据，这再好不过了。一篇篇科学文章、一场场专业研讨会，都需要以循证医学这个充满智慧的名字发表或举行，这样的思想也已经渗透入心理学。心理学不再是直觉、主观的，现在心理学的进步依赖于严谨的科学研究。

今天，我们了解关于大脑、智力与情绪之间的关系，大脑最原始的区域与决定智商的高级区域之间有错综复杂的关系；我们知道真诚地陪伴他人或面对自己能够加快康复的速度并让人更加幸福；科学研究最有效地指出应该采取这种或那种心理治疗；所有这些都非常可观地丰富了心理学领域的认知。锦上添花的是我们可以直接或几乎可以直接地看到我们所做、所想、所决定的一切对细胞、神经元、大脑回路产生的作用，功能性影像仿佛一台电视机播放着我们身体内部的情况。心理学成了物质科学，我们从中获益匪浅。

当然，我们也不可以忽略由此带来的问题。心理治疗也必须保留它本身的直觉和灵感。心理治疗有肉身，有灵魂。心理治疗只有在医生与患者相见的私密时刻，打开所有感官去感受的时刻，才是活的。心理学首先是生命科学；鲜活的人存在于这里、这个时刻，他们无法被编程、编码，被锁定在单向的固定流程里。心理治疗必须保持松弛，只要离开当下的情境，它就会成为简单的技术工具，成为非常“科学”的心理学。

我认为我们必须保持双向操作：一方面不管我们在这场生命的舞会中身处何处，接受这个时刻的感受，活出我们内心深处最真实的样子；同时要确保我们没有脱离轨道，我们采取的措施都有效果，参与者可以真实、切实地感受到这个效果，而这个效果是被科学证实了的，这样就太完美了。

结果，什么结果?

医生有义务确保治疗过程的顺利，但不用保证一定有好的结果。如果我们解读一下，这句话意味着医生需要使出浑身解数对患者进行治疗，但如果最后治疗没有成功，他们也不用承担责任。现在我们看到越来越多的美式医患纠纷，病人攻击治疗失败的医生，其实这样的做法不但不会改善情况，反而会让事情越来越糟。这样的情况会让医生首先进行质疑，然后才开始治疗，这样就限制了他们能够使用的方法和所谓的胆量，他们不敢再冒风险，于是可能的治疗范围就被缩小了。

心理治疗在这方面还是一片广阔的荒漠，《职业道德规范》当然没有要求任何结果，连治疗的过程也没有任何强制性要求。这非常疯狂，我所指的就是疯狂的意思：没有道理、不正常、令人难以置信、无法接受。

心理治疗有点儿像“西班牙客栈”（法语短语，原意指服务很差的客栈，衍生出人们只按着自己想要的方式去诠释看到的事情）：人们进进出出，来来往往，有病人也有治疗，只是这样而已。

事情不应该如此，也不能够再继续这样下去。如果制定制度的政府机构没有为我们这个职业设立最低限度的框架，我们要等上十年才能获得授权对其进行一点点的修改，那么，心理学相关人士就得行动起来。所有人，行动起来。不要等待那些文件设立框架，因为那些文件只有在政治正确和达成共识的情况下才会产生，我们很清楚这一点。作为心理医生需要抓住这了不起的心理学，我们能够也应该设身处地、投入地使用所有可能的方法，理解、转变、提供解决问题的途径，而这个途径就是给患者提供尽量多的可能性，让患者自己来操作。

“带来结果的耕耘”可以应用在心理学世界吗?

这个概念似乎很遥远，离这个世界很遥远，也远离本质、自然界、心理学世界。然而，心理学是我们生命的核心，为什么不能承诺尽一切可能——囊括一切的可能性以得到可见、明显的结果呢？怎么可能不这样承诺呢？当然，心理学有这样的意图，但只有最基本的承诺，而我认为那是不够的。“带来结果的耕耘”是一种心态，是心理学的执业方式。这不意味着我们必须不惜一切代价努力取得效果，不意味着一分努力一分收获；但意味着我们需要每时每刻都投入治疗中，我们需要用从心理学中学到的东西去服务另一个人，这个人需要心理学来改变他的生命。

这样写起来、读起来似乎很容易，但通过经验我知道在心理治疗领域难以谈论“投资回报率”。可我们或许忘了，咨询一个心理医生投入的情感多么大。患者来到心理医生的面前，摊开自己，接受自己的脆弱性，寻求帮助；对父母来说也是，看心理医生仿佛就是承认自己无能：我们自己做不到，无法很好地完成作为父母的使命。

你们知道，在这里我说的不是金钱的投入，我指的是作为人那些令人无法想象的投资：在另一个人面前，“赤裸”地敞开自己，承认、不断承认自己害怕；说出自己在这个动荡、令人心酸而痛苦的世界中那么脆弱，说出自己充满怀疑，说出自己无法一个人前进。“勇气”这个词从词源学来看，与心有关；勇气，就是暴露自己的心，没有任何装饰、成为一切动力的心。勇气驱使我们在筋疲力尽、生命走到尽头的时候停下来，对另一个人说："请你帮助我，帮助我理解那些我不明白的事，帮助我接受超越我能力的考验，帮助我继续走下去不放手……请不要放开我，帮助我，帮助我好好活下去。"想到这里，我感触非常深，这样的恳求不是为了催泪，而是为了点燃火焰。这样的恳求很少完全以上述的言辞出现，但它总是、一直以来都是心理学要处理的范畴，是人们对心理学的要求。每次，我都会为愿意如此恳求的患者而感动，要走出这一步非常沉重，代价也极高；但让我震惊的是人们常常忘记这一点。我经常跟我的患者说：你们推开了这里的大门，你们来了，你们可以为此感到骄傲，我深深感谢你们的信任。这关乎向一个陌生人、仅有芝麻大点儿名头的陌生人敞开自己的生命、心思、内心最深处和自己的困难、羞耻、失望。我们又怎么可以没有使命感，遗忘这巨大的期望，怎么可以感受不到自己肩负重任，应给予这样的投资以回报呢?

心理学面对从内心而来的呼声，必须带着尊重和谦虚的态度，必须采取积极、主动的态度，让生命回归，这就是心理学耕耘带来的结果。为此结果，心理医生签订了"无声合同"，每个患者都有权要求心理医生这么做。合同由双方签订，而且，在心理治疗领域，投资回报是合同中的一项条款。

在心理治疗中，我们一刻都不能忽略经济上的投入。金钱是一个要素，无法忽略的现实。金钱不只是象征性的，也不脏，它只是一个经济现象。

如果患者需要全额自费支付咨询费用，咨询效率就会大幅度提升。我在这里强调一下，在心理治疗领域中，在医疗行业中，没有什么是免费的。我们经常被表面现象所欺骗，要知道在心理教育医疗中心（CMPP，是法国服务有孩子家庭的社会机构，接受服务者不需要付费，由国家健保系统全额支付）一次咨询的成本价是392欧元，这非常贵，所以我们必须注重投资回报率，任何地方都需要注重，对于医疗行业的所有人来说都一样。拖拉许多年的治疗护理、长期跟踪治疗、许多次咨询约见，这些都是非常昂贵的，耗费了社会成本。

一个结果可能隐藏着另一个结果

“你在这个世界上将是独一无二的……”小王子说

我们每个人看自己都是独一无二的，确实如此；我们每个人看自己都与众不同，这很正常。甚至有的时候，我们因为这样的独特感而觉得痛苦，这是人类无法摆脱的困境。每个人都有自己的故事，都有属于自己的历史，心理治疗中医生会无数次跟我们重复这一点。确实有些医生会这么做，但也不是所有的，真的不一定。

守信、开放的心理治疗行业拥有的姿态就是如此，必须保持每个人独处的内在需求和弱化孤独感的环境因素之间的平衡。根据每个人的年龄、生命阶段、职业环境、情感状况等的不同，在正常情况下，很多医生习惯上会有不同的治疗侧重点。

青少年花大量时间玩电子游戏，可是“马上就要高考了，他却意识不到”，这是正常的：他在寻找方法避免去面对对于失败、未来、抉择的害怕；因为父母担心他缺乏动力，他对“一切都无所谓”。但这只是表面现象，实际上是因为他害怕，不知道该如何处理，所以只好逃避。其实父母也是因为害怕，出于对孩子的爱，他们用成千上万毫无用处的威胁限制孩子。

清楚了情况的心理医生必须重新调整时钟，现在对所有人来说都是恐惧的时刻，每个人都在做自己能做的。心理医生必须帮助青少年把恐惧当作资源，跨越障碍；鼓励他，规划路程，找到解决方案，分享想法……在实际操作中切实地陪伴他。父母需要知道自己的惧怕是合理的，孩子现在已经长大成人了，或如他们自己所说的“他在糟蹋自己的未来”，而父母在面对这个孩子时感到无能为力。我们应该称赞这样的父母，因为他们在很长一段时间内已经费心费力地照顾了孩子，从客观上来说确实费心费力。跨越障碍的过程对所有人来说都是痛苦的，他们需要被支持，并

> 且被肯定他们有能力做“好父母”，不管从青少年还是他们自己，都应该承认他们有这样的能力。其实也是我们的社会制造了这些冲突，没必要为了给这类非常普遍的处境去寻找晦涩的理由，再赋予其意义，因为这样的处境本身已经够让人痛苦了。

患者所处的情境产生的作用在治疗过程中不是无意义的点缀，而是必须被加入考虑的活生生的元素。加入就是我们在烹饪时使用的词，加入一种食材让其完全地融化到另一种食材中。

让患者重新正视现实，不是忽视他的痛苦或抱怨，恰恰相反，是让他重新振作起来，重新拥有判断好坏的能力。让患者接受：生活就在此处，意义就在这个时刻，不要去别处寻求解释。这句过时的谚语再恰当不过了。

最后，我想说的是相反的情况，即若青少年或父母都不担心，那才是让人不安的。青少年完全没有任何心理障碍，不管是轻的还是重的都没有；父母没有任何界限，也不固执，只是随心所欲地度过了孩子激荡的青春期，就没下文了；所有一切都与心理无关，也不应该是心理问题。

当前的趋势是从心理学的角度去诠释即便是最小的行为，我们听到这样的言论，次数多得令人惊讶：“啊，这个，完全就是心理问题。”

不是所有的问题都是心理问题

阿斯特丽十六岁，她优秀、阳光、聪明，没有任何学业上的问题，跟同学关系也很好，有一大群朋友。她看上去既不焦虑，也不悲伤、困惑，更没有跟现实脱节，只是，几年来她一直无法吞咽，食物、水都无法咽下去，只能吃一些流质的食物。在外面，她想尽办法不让别人注意到自己的问题，但就连喝杯咖啡，对她来说都非常复杂，因为不能被别人发现自己的问题……

阿斯特丽的家庭并不普通：她的父母在一起很多年，直到父亲表明自己是同性恋，父亲离开了家，现在跟一个男人结婚了。阿斯特丽是因为无法消化这件事以至于无法吞咽吗？这个经历让她如鲠在喉吗？看吧，你们已经这么想了。阿斯特丽对心理医生来说是完美的个案，有太多东西可以挖掘了……所以她看了很多年的心理医生……我问她母亲是否看过专门研究食道的肠胃科专家，后者突然不知道该怎么回答。大家都说是心理问题，她母亲想都没想过可能是生理功能的障碍，自从女儿患病以来咨询过的所有心理医生也都没有提过。再说，母亲有个情人，阿斯特丽知道这个情况，而她妹妹不知道……我跟你们说，这在心

> 理治疗领域简直就是太理想的病例。阿斯特丽的母亲带她看了医院的专科教授，后者确认她有功能性障碍并给她动了手术，她母亲写电子邮件跟我说明了这个情况，阿斯特丽现在可以正常地吞咽了。这样更好，不是吗？

我们倾向于寻求心理学上的解释，这很常见，我们所浸泡的文化认为一切都是心理的原因。有时确实需要从心理层面寻找原因，或者说确实是心理出了问题，但这样也很容易把我们带入死胡同。有时仅仅是很小的问题。一个小孩子字写得很不好，从来不写在线上，总是不工整，看书看得很慢，在学习阅读和写字时很不顺畅。老师说他不努力，家长也说他没什么动力，如果他想的话可以学起来……但是，有人想过带他去看一下视力矫正医生吗？有人想过可能他有短暂的视觉神经障碍吗？只要做几次视力矫正，所谓的懒惰就会消失，其余的问题都会解决，他会重新找回学习的自由和好奇心。

再者，所有疾病都有双面性，肚子痛就是个很好的例子。肚子痛会被当作与身心医学（psychosomatique）有关，身心医学认为所有一切都是相关的。确实如此，但我们总是很容易倾向于从心理层面找原因。心理层面当然是可以考虑的一个思路，但不是唯一的，或者更确切地说，是排除了身体方面的原因之后我们可以考虑的方面……当然我们也不能排除心理原因导致慢性疼痛加剧的情况。

为了帮助、陪伴患者，减轻他们的痛苦，我们不应该放弃任何一个思路或排除任何一种可能性，所有一切都应该被考虑进来。

被聆听，被听见……更多的亲和力，更多更多！

心理医生聆听患者，这是最基本的。有太多聆听的方式。从保持距离、中立的倾听，到专心、带着仁爱、经过调整的倾听。“你从来都不听我说话。”奥雷莉指责她的丈夫。“仔细听我说。”老师要求道。“谢谢你们听我说。”会议发言人说。“你只注意自己讲的话。”朋友指责道。

聆听是所有关系的基础。但“聆听”到底是什么意思？聆听，就是听，它的拉丁语原文*auscultare*，就是我们要讨论的核心。听是一个非常主动的行为，为了能听见，我们必须调动自己的精神、心灵、身体。

由于工作的关系，她一直处在大众媒体的旋涡中心，无法安静下来，无法喘息。只有把自己的思想进行包装后被印在光面纸上传播开来时，才能让人窥见一点点自己的面目。这个女人从未在亲密的关系中被聆听，也未被人知道自己的脆弱，因为所有人都觉得自己认识她，每个人按照自己的想法去认识她……可

> 只要她被听见，所有的不适就可以烟消云散——真是“模糊”的不适啊！她可以重新聚焦、找到自己、感受到存在的意义、重新建立连接。

但仅仅是聆听还不够，太多心理医生就停留在这里，我这里提到的是真诚倾听他人的心理医生，不真诚的医生对我来说是不算数的。

让患者觉得被聆听，感到安心、舒服、平静之后，还可以做什么，我还可以做什么？

“现在我可以做什么？”这是个很好的问题，应该引导整个心理学，不应有任何例外。

聆听不是最终目的，却是地基，房子就建立在这个地基上。聆听是心理学的第一个节奏。拉长到数月甚至数年的聆听，其实是截断了生命的进程，是一种折磨，真正的折磨。

让自己和对方投入治疗，是第二步，也是最重要的一步。这样的投入可以让父母真的找到出口，而不是逃生通道，让他们从容地从生命的大门走出去。

持续的时间很长

心理医生必须考虑到时间。不要让咨询的时间拖得太长，以至于忘记让整个治疗过程能够顺利展开，合理的时间是有所收获的必要条件。

我的意思不是说为了获得加快速度的愉悦而加快心理治疗的过程，也不是以节约时间为由而潦草行事，更不是不给父母时间去准备、修复、重新找回自己的能力。我们的意图不是上述这些，而是选择更有效率，决定好我们要去何方，为什么以及怎么去；不是马马虎虎而让情况变得越来越复杂，这样我们就无法完成目标，只会原地转圈，而时间就这么过去了，我们在哪里，可是要去哪里呢……如果心理治疗如同一艘在迷雾中行进的船，我们应该让迷雾消失，定好路线，看准地平线，只有紧紧握住方向盘才能不偏离航向。我们知道将抵达何处，看到港口的时候我们一起快乐，而一旦靠岸之后，我们就此别过，就是这样。

在一个学习障碍治疗中心需要等六个月才可能约到医生，而对一个八岁的孩子来说，这一年很重要，接下来一年也是，随后的许多年都是。怎么可以等这么久呢？

跟着一个心理医生很多年，却没有真正清楚地知道自己拥有什么，也不清楚到底什么时候是个尽头。真的可以忍受这样的事吗？从一个心理医生到另一个心理医生，从CMP、CMPP到住院[1]，在医院的精神科进

1 CMP：心理医疗中心。CMPP：心理教育医疗中心。

行不同的治疗，几个月、几年承受着痛苦，却不知道为什么，然后再重新开始，生命在流逝，很难再回去。这样也可以接受吗？

我真希望我在夸大其词，但今天的心理治疗领域的现状，绝大部分就是如此。为什么？其实正是跟结果有关，“带来结果的耕耘”不是这个职业必须做的事。一方面我们认为心理学是建造我们、让生命运转、进行组织的学科，另一方面，我们却可以接受心理治疗不着手处理破坏我们心理平衡的问题——心理平衡是生命的保障啊。这难道不让人惊讶吗？！

活着的紧迫性

每个陪伴的需求中都有一条紧绷的线：活下去的紧迫性。我们生命的每个时刻都是紧急、不容错过的，心理治疗必须明白这种紧迫性和必要性。患者必须重新找到活着的勇气、欲望和喜悦。甚至，最好的结果是找到生命的意义。心理医生绝不可以失去这个目标，心理治疗需要一直在这样的压力下，朝向生命的目标——真正的生命。

这意味着心理治疗必须离开自己的洞穴，离开理论知识的软绵绵的安全区，理论知识通常人为地脱离生活的偶发状况。心理治疗不能从生命和“实践特质”（concrétude）中抽离出来，这里使用了“实践特质”这个新词。心理治疗必须把现实生活整合进来，必须让患者回答简单却残酷的问题：“我要再打电话给他吗？我该做什么让咨询更顺利？我是否该接受这个专业的建议？我该为接下来的检查做些什么准备？”

现实有自己的时间，我们不能忽略这一点。对心理医生来说，活着太过庸俗，仿佛触碰现实不是他的天职，仿佛一边是现实生活，另一边还有心理生活。“我们不要把这些全混在一起。”心理治疗绝对不可以这样回答。

一个结果可能隐藏着另一个结果

心理医生的回应必须让患者行动起来，心理医生的回应可不像朋友、父母或教练的。心理医生不会直接说出患者该做的事，也不是给出一个主观的建议；而是跟患者一起探索并精细整理出方案，包含了所有可能，以及可能会出现的结果及其衍生出来的问题的方案。心理医生的答复应该是个树形图，需要用到的表述形式有：可能，那么，因此……这是探索者冒险进入未知领域后给出的答案：我们已经探索了所有的凹凸地段，最终决定从这里走。心理医生的回应不是把患者转给另一个医生，好像丢皮球一样，把球丢给另外一个人。心理医生不应该把问题丢回去：“您呢？您怎么想？”这是在避免负责任，让患者一个人承担，他孤单一个人，非常孤单。患者来找心理医生，就是因为他自己一个人无法处理，他真的需要他人的帮助，我们需要紧紧牵着他的手，我们跟他一起思考对他最好的方式。在心理治疗领域，我们作为心理医生而回答问题。心理医生需要有分辨力去回应，需要看清楚不同的可能解决方案去回答，需要为了帮助患者找到自己的位置、好好前进而回答问题，坚定、投入、负责地回应。要知道回应不是选择，而是我们的本职工作，治疗过程中的精细整理就是双方的共同建造。先入为主的评断是一种虐待行为；沉默，无止境地重复对方的问题，在任何情况下都是一种痛苦。谁能承受呢？

暂停，不是一个建议

厄拉利十岁了，她父母在她五岁时离婚了。她跟母亲、继父和继父的女儿一起生活了一段时间。在父母离婚期间，她没有表现出任何愤怒、伤心，这些情绪之后才出现。她经常见自己的父亲，但父亲的生活很混乱，有点复杂。厄拉利跟心理医生说到她的父亲，那是传统的心理咨询，她已经连续好几个月每周去见这个心理医生。厄拉利解释说她爸爸要去秘鲁了。一阵沉默后，心理医生问："你父亲要去哪里？"……真让人无语，不是吗？

这听上去很可笑，此外厄拉利是一个心理还算健康的孩子，笑着跟妈妈讲了这件事。所以跟这个医生的心理咨询就暂停了。妈妈很快就约了个女心理医生讨论怎么继续帮助孩子，想知道厄拉利是否已经好一些了。她说自己的经历令人震惊：这位心理医生见了她，脸上没有一丝微笑，也不说一个字，点头示意她坐在对面的椅子上。心理医生看着妈妈，问她："您想说关于您女儿的什么事？"妈妈开始结巴，说只是想知道孩子跟她进展到哪里了，咨询是否顺利，厄拉利是否觉得好一些、稳定一些了。心理医生回答说："您自己觉得怎么样？"母亲没有被心理医生带着跑，重新问了一遍问题。"她说话了，"心理医生回答，"开始有一些进展。"

"好的，那么您觉得她好一些了吗？您怎么看呢？"

"我想我们应该继续咨询。"

"好的，但是为什么？"

"因为还没有结束。"

"那么您认为她并没有好一些。"

"我觉得我们继续见面比较好。"

我就不继续写下去了，但是整个过程持续了半小时，母亲离开的时候还是完全不清楚女儿的心理状态到底怎样。心理医生没有回答她的问题，这个不断延长的、空洞的咨询也没有清晰的目标。

心理治疗必须给出解决方案，这是心理医生职责所在。总结一下：不管是我们的孩子还是我们自己，不管我们是二十岁还是八十岁，当我们去看心理医生，我们到底期待什么？我们倾向于总结成两点，虽然事实显然可能复杂得多。幸好如此。第一点，我们期待被理解。如何做或怎么才能尽快、有效、有深度地识别出问题所在，而不用花上好几周甚至好几年呢？第二点，有进展。如何做、如何建议才能更好地投入让成人患者或儿童患者离开他们所在的死胡同？对治疗过程尽责，对治疗结果尽责。

首先理解，然后回答

做一个状况评估，就像要搬进一个新公寓或新别墅之前，详细而精确地写清楚有哪些东西，包括看得见的和隐藏的东西。揭开地毯的小角落，拿起一条地板木片，刮一刮油漆，去地下室转一圈，确认管道的情况，到处摸一摸，拍个照片，逛一逛，感受一下，体验一会儿，去阁楼看一眼，甚至爬上房顶探个险，看清楚烟囱是否畅通……但是要知道，评估房子的状况不需要花好几年的时间，我们可以看一次、两次，一切没有问题就签订租房合同，接着就进入下一步，即清楚了所有的情况，带着一个清晰的目标，装修我们选择的这个房子，开始新生活。

这样你们应该就明白了，心理治疗就是一模一样的流程。

我们不需要年复一年地去探索内心领地，而是找到探索的方法，有效地进行分析，然后进入下一步。

心理治疗经常停留在蜿蜒的小路上。我们坐着或躺着，讲述我们的生活，描述每个细节，隔靴搔痒，而不是直接检查使我们疼痛的地方。同时，生活在继续，而我们却没有享受当下，生命就从我们眼前溜走了。

所以，让我们好好利用治疗的时间去理解、探索。到底发生了什么？问题是什么？痛苦的形式、性质、结构、组成是什么？带来的后果是什么？心理评估经常能帮助我们，让我们知道心理健康和不健康的部分、心理疾病的类型、思想的机制、智力的程度、情绪的动态和情感的组成，最最重要的是通过心理评估我们知道患者的潜能。潜能让我们可以重新振作起来，去行动、去重建。

理解是为了更好地帮助，知道自己是谁，是为了明白要去何处。所以理解是新心理学的核心，保证新心理学完全发挥其功能，理解有时甚至关乎生死。如果没有理解，有些生命就会迷失、损坏、腐烂。有些痛苦——即使是那些最常见的，有可能是非常严重的失望；而生存的痛苦有可能演变成无法活下去或感受到存在的剧痛，最终进入生命的死胡同，甚至自杀。

这就是心理治疗的紧迫性，是直接关乎生死的，我再强调一遍。生命很重要，非常重要。

“最近一段时间，我比平常更加自我孤立。我用外在的社会身份保护自己，这个身份是个秘密。这次我低估了自己承受痛苦的能力，过去这几个月，我已经快崩溃了，但我还在进行抗争。好像命悬一线……

“我并不抑郁，只是面对这么多不公平觉得非常难过、受伤、失望、无能为力、迷茫。非常迷茫。本来我的个性很开朗，但我不再觉得快乐。冬天好长，太长了，仿佛它的时间单位是我们所未知的无限大。我感到筋疲力尽。”

塞利娜给我写的这封求救信，就像大海里的漂流瓶。我每天都收到类似的信，每天在咨询室都听到类似的描述，每天我都想着不能只是聆听、听见类似的痛苦，每次我都承诺尽我所能，尽我全部的力量，使用我所有的技能和极限之内的全部可能来回应类似的痛苦。对每个问题、疑惑、恐惧都给予回应，与他人一起找到迷宫的出口，与他人一起打造这座新生命的建筑物。

诊断不是我们的工作？当然是，绝对是！

令人惊讶的是，心理治疗居然自己排除了下诊断的必要性……我们经常从心理医生的口中听到类似的说法，他们忽略了我们的《职业道德》的第四条。我们的工作当然包括诊断。不下诊断，是不是说明我们心理医生有时候缺乏胆量，不敢确认、承诺？心理治疗必须回到心理学的核心，这才是它的位置，它的合法地位。诊断不应该只属于精神病学。

诊断是什么？是对心理功能细致、有论有据的理解，其中包括认知、情绪和关系三个方面。把这几个层面结合起来，就组成了所谓的临床症状描述，指出患者有这样或那样的心理疾病。

诊断不是贴标签，诊断不应把人关闭在其中，而是打开一扇通向外部的门。诊断可以拓展我们对患者的理解，解释症状存在的原因，甚至可以“创造”出原因：痛苦、抱怨、疾病的原因；诊断可以解释并指出治疗路径；诊断可以让我们清楚地知道发生了什么事，确定目标和方向；诊断可以让我们进行衡量，是的，就是衡量！衡量进度、进步、结果。有了诊断，就可以界定出治疗之前和之后；即使我们不应该把人简化，但诊断仍然是治疗的入门；下诊断不是为了限制，而是为了抵达目的地。那本厚厚的《精神疾病诊断与统计手册》（*DSM*）[1]是精神疾病的目录表，就像植物标本室，把症状分成很多种。然而，心理治疗事实上总是复杂得多。

---

1 《精神疾病诊断与统计手册》（*Diagnostic and Statistical Manual of Mental Disorders*）是国际性的参考手册，由美国精神病学协会出版，对精神疾病进行描述和分类。该手册定期修订，其最新版本*DSM-5*的法语版已在2013年出版。*DSM*的分类和建议经常在精神病学界引起争议，尤其在法语世界中。

横向性（transversalité），与此相关的是另一种形式，另一种新兴模式，即跨诊断（transdiagnostic）。这种诊断不对人进行是否有病征的分类，从人类普通、共通的要素出发；去诊断化，只在意症状发展的过程和共同的因素；诊断心理疾病所用的临床症状描述中可能会有相通的功能障碍，只不过这些症状最终发展出来的外在形式改变了。这样的趋势很崇高，从根本上非常值得称赞，它通过把每个个体记录在人类心理学的伟大历史中——因为在这个历史中，心理机制对所有人来说都是相通的，从而让我们更加注重个体的独特性。但跨诊断只有在尊重一个前提的条件下才有意义，那就是不要彻底忽略结果的必要性，跨诊断的风险是无法清晰地辨识出心理疾病，它有可能会阻碍我们找出要走的道路和设定需要抵达的终点线。我们也不应该因此彻底忘记传统的诊断，因为诊断也可能帮助我们识别出患者的潜能、力量和优点。我们只有认识对方才能真正地帮助他，看清楚该如何前进，尤其需要知道该如何抵达终点。这才是我们的意图，我们永远不应该忘记这一点。

是否跟患者说出诊断结果，问题真的是这个吗?

诊断可以解释患者的行为和经历，我们必须分享诊断赋予患者的意义。分享的目的不是用诊断结果来进行限制，而是进行思考。用字词说出病情，跟我们平常用疾病定义患者不是一回事，比如我们常说精神分裂症患者、阅读障碍患者、资优儿童、抑郁症患者……诊断的作用在于让我们更加清晰地看到患者在经历什么，他的经历不再是模糊、困惑、让他感到羞愧的。父母也需要知道孩子确切的问题，知道了之后对他们来说就比较容易去面对，也比较安心。有了诊断，相关的人都知道我们在说些什么，什么可能被改变。我再说一次，诊断不仅限于给出一个疾病名字，我们需要对有功能障碍的部分和正常甚至非常好的部分都进行解释。

马克西姆七年来一直在看心理医生。他上课时非常吵闹，拒绝遵守老师的指示，他自顾自地谈论任何问题，不断地提问。他有非常多的朋友，他经常逗他们笑，但老师们可不觉得好笑。他从幼儿园时期开始，就不做任何作业，可他并没有其他什么心理障碍。“他只在自己愿意的时候学习。”这是学校老师给他的评语。大家让他更努力更专心一点……尤其希望他停止破坏课堂纪律的行为。每一年学校的“判决”就是建议他的父母带他去看心理医生。他们确实这么做了。我见到马克西姆时他已经十一岁。我问他的父母，孩子看了这么久心理医生的原因，他们不知道该怎么回答，因为没有人真正告诉过他们原因。就像所有父母都希望把最好的给孩子，他们就是按照老师的建议去做。而心理医生从来没有给出明确的答案："他需要跟踪治疗"，心理医生对他们说；"就这样继续下去"，心理医生强调。父母就同意了，他们认为这是为了马克西姆好。马克西姆抱怨着，不想去看心理医生，父母总是强迫他，这造成了更多的冲突；但父母强调，这是为了他好，很明显按照他们的理解是这样的。

为了明白马克西姆到底怎么了，我建议做个评估量表，结果一目了然：马克西姆是个资优儿童，只是他的自尊低下；他非常理想主义，头脑清晰，时时刻刻分析着一切，担心事情进展不顺利，所以才会问老师那么多问题，尽管这些问题让教师团队非常生气；他无法认真完成学校的学习任务，因为这对他来说一点儿挑战都没有；他自己也生闷气，因为不知道为什么一切总是不顺……听到评估结果，马克西姆的父母瞪大了眼睛，马克西姆也表示怀疑，但每个人的心底深处都觉得松了一口气。评估量表让马克西姆所经历的事情有了合理的解释，让我们明白问题出在哪里，让我们辨识出到底是什么困难并决定如何走出死胡同。

过去七年的时间，马克西姆一直在心理教育医疗中心做心理咨询，因为他无法适应课堂，本来这样的咨询将持续更长时间……直到什么时候？直到马克西姆真的放弃？直到他觉得无能为力、一无是处、无法成功？直到他完全被排除在教育体系之外？心理治疗捏造出一个疾病，那是非常可怕的。

“哦，疼痛啊，请乖乖听话……”

没有人应该甘心忍受疼痛，直到疼痛自己消失。我们都需要找到一些娱乐方式减少疼痛：走动、活动起来、沉浸在某些事情当中，这样就可以远离疼痛。就像转动的陀螺一样，用旋转来制造离心力，离开干扰我们、不适合我们、我们不想看、让我们疼痛的事。可我们若与疼痛抗争，越抗争就越会强化疼痛。

停，我们停下来，深吸一口气。痛苦就在那里，我感受得到，我知道。疼痛非常强烈、尖锐、断断续续、纠缠不断、顽固或转瞬即逝。但它就在那里。我可以选择，把它变成痛苦。是的，我有这样的能力。该怎么做？只要评论它、反抗它：太不公平了，为什么是我？只要让它成为我关注的重心，因为所有疼痛都具有巨大的吸引力，拥有超自然、吸引我们注意力的力量。简单的牙疼，可以成为每时每刻对我们的折磨，然后我的存在就成了牙齿疼痛本身：我被牙疼牵着鼻子走；时刻想着牙疼；根据牙疼来决定怎么做事；谈论着牙疼，尤其是，我不断对自己重复我牙好疼，可是至于牙疼本身，我什么都做不了，我被折磨得难以忍受，我不明白为什么最近刚去看过牙医，牙齿还是会疼，我可能需要去找别的医生看看……就这样，牙疼成为我生活的主角，生活的中心，它成为一个暴君。

我们都有过这样的经历。我们知道疼痛带着迷惑的致命力量，那么该怎么办呢？牙疼真实地存在着，那是很难忍受的疼痛，所以我会照顾好自己，并找医生接受治疗。在等待就诊的过程中，我可以接受牙疼，对自己说目前就是这样，如果我可以不要一直想着它，它就会少纠缠我一些，有时可能就不纠缠了：牙疼继续，我也继续我的生活；有时我们打个照面，但至少不再完全重叠在一起。

我们把疼痛和痛苦混为一谈，痛苦是对疼痛的认知诠释。用更亲民的方式来说，痛苦就是我如何讲述我所感受到的疼痛。疼痛会过去，但痛苦可以一直持续下去，几个月、几年，甚至一生。这由我们自己决定。

马加利长期以来患有纤维肌痛综合征。纤维肌痛是一种弥漫性疼痛，经常影响到关节，患有此病的人几乎一直都在承受着疼痛，马加利很痛苦。她接受了治疗，服用了很多药物，但不幸的是这些药的效果并不明显。我们试着一起努力正视这个疼痛，剖析它的喋喋不休和独断专行。我们一起训练着让自己安稳下来；接受疼痛这个事实很复杂，但我们愿意尽力去接受；并在生活中尝试所有可能激励马加利的事。她五十岁，生活非常忙碌，是个急诊科医生，我没有开玩笑……她很热情，很主动，也很坚定，但纤维肌痛真的干扰了她的生活。人们告诉她这个疾病是心因性的，当然，为什么不是呢？可这样说除了让她产生愧疚感，还能改变什么呢？回归到她的感受，去发现身体不疼痛的部分，只要重新连接、观察、感受她的身体这个“国度”。从价值心理治疗中找到资源，确定自己的价值，让这些价值闪闪发光、闪耀不断。用箭头、符号制作图表，以便于了解思想、情绪、行为之间密切的联系，以及是什么鼓励她，让她安静、激动、产生热情。停留在智力层面，调动她理解、认知、深入学术研究的胃口，例如她有篇博士论文从三十年前就开始写了，但从未完成过。我们可以思考为什么她的感情经历最后的结局总是很糟糕，目前似乎有一段恋情正在成形，那么如何让这段感情持续下去呢？

心理治疗探索人性每个复杂的角落，并且整合这些复杂性，使用不同的方法、眼光、灵感、疗法，给马加利量身定制她所需要的“产品”。不管她的故事、她过去的经历如何，此时此刻，所有一切都不该被忽略，可她的生命必须在当下的这个现实中继续。

马加利有一天早晨笑着走进我的咨询室，带着胜利者的姿态跟我说，现在她每天有几分钟感受不到疼痛了，而且这样的情况在一周内发生了好几次。她战胜了痛苦，虽然疼痛一直都在，但只要少给它留点空间，我们就得到了期待的结果。这样的胜利可以用夏尔·波德莱尔的文字来总结："哦，疼痛啊，请乖乖听话，安静些……我的疼痛，请把手给我，从这边绕道走开。"

对疼痛进行护理，不是要进入痛苦那地狱般的回圈中。这一点儿也不容易，但这样的心理治疗充满了冒险气息。这个冒险中有真正的障碍物，但我们可以用温柔、决心、毅力和忍耐来攻破。这就是被点亮的心理学。

当人们接纳悲伤的时候，痛苦就消失了。

——圣-埃克苏佩里

过得好、变得更好、康复？

9¾ 站台总是存在的

你们或许读过《哈利·波特》，或看过《哈利·波特》的电影？如果是的，那么你一定记得一个重要的时刻，哈利·波特需要去一所特别的学校，那是学习魔法的地方，也是让这些孩子用一切方式发展他们潜力的地方，而入学通知书上清楚地写着能够把他带到寄宿学校霍格沃茨的火车就是从9 ¾站台出发。他和他的养父母来到火车站，找到了9号站台和10号站台，而在两个站台之间，是一堵砖墙，他们非常惊讶、彷徨。但年纪还小的哈利·波特已经会使用一点点魔法，他用魔法打开了砖墙，9¾站台就在那里，火车已经在那里等候了。哈利·波特登上了火车，开始他全新的冒险之旅。

这一段的信息很强烈，我们必须将其深刻在心里：即使我们觉得走投无路，即使我们不知道如何走出困境，即使我们尝试了一切方法，9 ¾站台一直都存在。总是有出路，总是有条路可以走，总是有另外的可能性，即使它们非常隐秘，即使我们看不见。我们可以爬上墙头，或绕过去，或等墙倒塌。在墙后，未来在等待我们，一直在等着，等着所有人。9 ¾站台总是存在的。是的，我会一直重复这句话，重复到它成为对我们所有人来说都是一个显而易见的事实。

心理治疗的艺术或转化箱

终于，心理治疗的唯一目标定在了转化。不是转化个体，而是转化个体看世界、看自己和看别人的方式；转化个体与自我的关系，与他人的眼光的关系，戴上另外一副眼镜。我们不需要全部转化，但至少在转化前后要有明显的区别。不然转化又有什么用呢？改变思考习惯、情绪运作的习惯和处理关系的习惯，改掉那些让我们痛苦、阻碍我们前进的习惯，再次变得自由。头脑自由，心灵自由，生命里的自由。自由地去选择，自由地去感受我们认为合理的事，自由地拥有可以建造内心世界的思想，内心世界可以保证我们充满信心地进入世界、进入舞蹈中。

所有心理治疗都是一种学习，认识自我的学习。此外，我们还通过心理治疗学习如何用思想、情绪采取行动。这种学习让我们知道如何活着才能更好地选择自己的命运。

我们可以脱离思想和情绪的奴役，用别的方式使用它们，心理治疗给了我们这样的可能性。能够重新掌握自己的生命，是多么让人喜悦的事。而这说到底，就是心理治疗要做的。

说一下我对情绪变化的一些小观察。我们经常听到有人这样表达："你这样说的时候我很难过，你这样做我很生气……"确实，我们不能因为自己的情绪而责怪别人，这是第一步，不要用带着指责和全面概括性的"你"进行谴责。可是，如果我们再进一步呢？我先说在前头，这不容易，但是我们可以试试看。

如果我们接受因为别人的言行而悲伤和愤怒，就是给对方在我们里面制造这类情绪的机会。在某些情境下我们有没有可能用另一种模式保持中立？或者更确切地说，有没有可能自己来决定适合我们的情绪呢？我必须难过、生气吗？难道我不可以更多地去感受爱、希望、在场的喜悦、因其他东西感到高兴或惊喜吗？要转化成这样的想法真的非常不容易，因为我们知道在我们还未意识到的时候情绪就已经根据外在环境做出反应了。心理治疗训练我们成为自己的感受的创造者，教我们更深度地尊重自己。这不是忽略他人的情绪，当然不是，而是清楚地知道：就像画家的调色盘一样，我们情绪的调色盘也有无限可能，生命这个时刻的颜色、颜色的细微差别和质感取决于我们自己，唯有我们自己。情绪调色板非常大，充满了无限可能。我们成为自己生命的画家，这，也是心理治疗要做的。

心理治疗可以转化我们的焦点；让我们脱离自己的条件反射，包括所有的条件反射；让我们可以生活、思考、行动、感受、反应、爱，充分意识到自己的存在，意识到自己真实的样子和真正想要的。心理治疗轻轻地、温柔地改变我们对事物、对生命的看法，就像母亲对待孩子一样，她在孩子长大的过程中帮助他，就是容许他在极其复杂的情况下抓住这个世界。心理治疗应该帮助我们在所有困难中，在内心最深处学会拥抱生命，不管生活让我们看见、发现、经历了什么。

心理治疗是一场冒险，勇敢的冒险，两个人共同的冒险。我们不是看着另一个人前进，而是跟他一起前进。手牵手，心连心，肩并肩。

什么是“过得好”？

我很惊讶心理学很少问这个问题，尽管积极心理学已经开始在这个领域进行探索了。而在法国，我们一整天都在问或回答这个问题：“你怎么样？”“我很好，你呢？”

这个礼貌性的打招呼似乎什么都没说，却意味深长。你们是否试过这样回答：“目前不是很好。”你们感受过在这种普通的日常交流中这样回答会带来的小尴尬吗？因为这样回答让对方不得不关心——即使只是这样一个小小的瞬间——你们正在经历什么，所以就算我们的状况真的很糟糕，所有人都倾向于回答说“还不错”。这样就避免过多地讲述自己的事情，免得打扰别人，也谨慎地不去打乱生活的节奏，生活中从未停止过脚步，就是这样。

“过得好”，不是“过得差”的反义词。当我们过得不好的时候，我们的身体和心灵都能感受得到，那是灼烧、刺痛、压迫、窒息、挤压等的感觉。即使有时我们不知道为什么会有这么不适、不好的感觉，我们还会感到内疚。“你拥有让你幸福的一切”，这句话简直是压死骆驼的最后一根稻草。

一切都很好的时候，我们能够清楚地感觉到好吗？有的时候是的，我们会说，我感觉不错。但更多时候，我们感受不到“过得好”，仿佛这是一种中性的状态。但这会带来严重的副作用，就是我们会觉得那些幽暗的时刻比轻松的时刻更频繁。

练习如何抓住美好时刻，即那些生命露出温柔面貌的时刻，对于我们的生活、心理健康、存在的愉悦感和幸福是非常重要的。事实上，从整个生命的长度来看，这些时刻远比痛苦、粗暴、黑暗的时刻要多得多。我们前文已经提过，这是杏仁核为了保护我们立刻启动自动反应机制的过度反应导致的，杏仁核是大脑深处感知我们的情绪的区域。远在宇宙处于混沌之时，我们的生理构成就决定了我们天生容易记住不顺利的事。而当生活安静、平顺、舒适的时候，我们的大脑不会轻易启动任何自动机制，所以我们很容易看不见自己的幸福。

心理治疗必须让我们意识到这种自动机制，即我们很容易看到不顺利的部分，从而帮助我们去感受生命中短暂、脆弱、接连发生在我们脚下的一个又一个小事件，而我们是那么容易看不见或没那么重视它们。

“过得好”，就是活在平衡中，这个平衡使我们带着对自己、他人和生命坚定的信心往前走；“过得好”，就是用身体感受到自己，活出自己。这不是一个概念而已。我很好，我过得很好，在我的身体里面，在我的心里，我能感受得到。由于这样的情况不会自动发生，我们需要一次次重新开始，提醒自己抓住这些永恒的时刻。哟，幸福啊，我看到你了，我把你记在心里。哟，我觉得幸福，我把对于你的这种感受记录在我的身体里。再来一次。

“过得好”是一个持续的训练。心理学不应该只满足于擦掉伤痕，让灼伤愈合。这确实是必需的一步，但还不够。新心理学带来的钥匙，让我们可以感受到“过得好”，经常真正地感受到。

经常，不意味着一直。“过得好”，是明白有时候我们会感到痛苦，但我们可以回到最基本的起点去理解无常，知道我们必定可以穿越风暴。更好地认识自己，才能更好地活着。幸福不是去获取的东西，而是一个持续的状态 ，我们与之同行并用所有方法去建立我们的平衡——内在的平衡，这就是幸福。

什么是治愈?

充满智慧的中医医生认为，治愈之法在于跟随“风动”的能力。这个能力能让我们重新找到生命的意义，改变生命的轨迹。风起的时候，随风而动——那是自己的风。

什么是治愈，这个问题马上会带出另一个复杂的问题：在心理学领域什么叫生病？这个问题又会带出更深的问题，而这个问题从未有过真正的答案，就是什么是正常、什么是病理性的？病理学的发展从一个时代跨到另一个时代，从一种认知跨到另一种认知，从一种文化跨到另一种文化，一直在变化。“正常”是中间值，代表了特定族群在特定时代和特定背景下的大多数人。但正常就正常了吗？处于边缘难道不是更有趣吗？这是哲学、社会、经济、灵性的问题……

《疯子和圣人》[1]这本书非常震撼人心，我深受其影响。书中讲到在19世纪有一个可怜的妄想症患者，没有人知道她的名字，我们姑且叫她马德莱娜。她在街上流浪，常常有神秘的妄想症状和惊人的狂喜经验。她被带进了萨尔佩特里埃医院，人们说她疯了，必须接受治疗。在印度，伟大的神秘主义者孟加拉人罗摩克里希那儿有许多门徒，整个民族都敬拜他。然而，这两个看似毫无交集的人，状态却惊人地相似。马德莱娜和罗摩克里希出生于完全不同的环境，因此命运截然不同，完全无法相比；但他们俩就像灵性双胞胎：两个人的个性都非常敏感；两个人从一开始就都拒绝通过工作或建立家庭这些传统方式来融入社会；两个人都经历了极端的心理痛苦，濒临绝望；最后，两个人的一生或部分生命过程中，都有无数次狂喜经验，而且持续的时间令人难以置信。[2]单从外表

1 Catherine Clément et Sudhir Kakar, *La Folle et le Saint*, Seuil, 1993.
2 Michel Hulin, *Le Monde des Livres*, 5 février 1993.

看，他们最强烈的狂喜经验非常相似："他们有一样的痉挛，一样的紧张症，相同的呼吸暂停，相同的饥饿感，甚至连空洞的眼神也一样，嘴角微笑的形状都无差别，一动不动的样子更是相同……"他们之间的差异只在于社会、文化、宗教的不同。不同的诠释，就戴上了不同的有色眼镜。

这里的界限到底在哪里？如果我们认为超出正常范围就是生病了，那么就应该定义什么是正常范围；如果我们认为阻碍我们正常生活就是生病了，这就意味着生命必须遵循一条既定的道路。

当我们说一个人疯了，经常是这个人非常边缘化，与别人不同，他让人害怕，让我们感到恐惧。大多数人毫无困难地在生命中前进，我们可以认为这是正常状态的阈值吗？但什么是大多数人毫无困难的情况非常难确定，因为有太多可能性了……

对一个人来说正常，可能对另一个人来说就是令人不安的；在一个情境下困扰人的，换个情境就不一定了。

而心理治疗每天面对的大多数都是或正常或病态或令人不安或可接受的微妙情况。

一个孩子，他的手脚没一刻闲过，还没轮到他就直接发问，可以同时做许多件事情……老师认为他很开放，充满好奇心和活力，只是需要引导他释放多余的精力，老师知道如何让旺盛的精力成为他的财富。但换个班级，换个老师，家长也可能被叫到学校里，被告知这个孩子太难管，肯定有多动症……可能得让他进行药物治疗才能安静下来。问题不在于到底谁对谁错，而是我们需要知道，正常与否，简单来说，也由我们自己决定。

一个年轻人，穿着新颖；对任何话题的看法都很激进；到处画画，而且画在所有材质上；总是探索世界的意义；凡事都有自己的见解。这样的年轻人对一些人来说拥有无与伦比的创造力，是公司努力争取聘请的人；但对另外一些人来说他就是奇怪的边缘人物，需要警惕他偏离常规的行为……他的情绪波动极大，上一刻还充满绝望，下一刻就充满了热情，这难道不是因为他有双相情感障碍吗？现在这个病太流行了。我们这个时代认为平静才是正常的。

我们不能用个人观点来判断一个人是否生病了，我们必须分析个体所处情境，并且进行心理诊断才能判断其正常与否。有一些疾病需要被治疗，而另外一些可能通常只是压力造成的短暂现象，压力通常都是社会造成的，此时心理学就需要充分发挥其调节者、和事佬和引路人的角色。

世界在不断变化，所以治愈取决于我们的环境。衡量治愈与否唯一的晴雨表就是痛苦，痛苦让我们做出调整，特别让我们永远不会偏离唯一一个重要的问题，这个问题让我们接近他人最真实的情况——你需要什么？你在这里需要什么？既然你此时就在这里，你最真实的需要是什么？

治愈他人，是保护他。从词源学上来看，“治愈”这个词的词根，第一层意思就是保护。保护，需要知道你需要什么。我在这里，为了你而在这里，直到你可以重拾生命的意义、风动的意义。

要有结果，否则什么都没有?

追求结果和需要结果之间有非常微妙的差别。追求结果的文化是一种精神状态。我们不是追求成功、胜利，但我们需要以治疗结果为我们的意图，我们朝着治疗结果这个方向前进。这是心理学或者新心理学应该带起的运动。

我们向他人、向自己做出无声的承诺。我向你承诺我会完全投入，我承诺会做一切的尝试，我总是相信一定会有个结果，我不会放弃你，尽我所有能力、所有力量做到最好；如果我做不到我一定会告诉你，到时我们一起找到别的解决方法。我向你承诺我会爱你，按着你真实的样子，用一切能帮助你的方式来爱你。

我向你承诺我相信你，相信治愈的可能，相信我们能够做到。相信你的潜能，你所有的潜能。

医生宣誓效忠希波克拉底，心理学必须发明自己的誓言，这个誓言让我们投入他人的生命，并让其生命恢复生机。

心理学是一份有信仰的职业。

作为结束或为了开始

我不喜欢结局，不喜欢结束，不喜欢终结。

我不喜欢快看完一本书的感觉，尤其是小说，当我翻完最后一页，就会觉得被遗弃。我是那么沉浸在书里那些人物、气氛和情节中，现在结束了，我会非常想念这一切。我跟这些人生活在一起，被他们震撼，也深爱着他们；可是现在我跟他们不再有交集，再也不会有了。他们从我的生活中退场，留下一片空白，再也不会有他们了。他们的痕迹留在我的心里，先是一点点，时间越长痕迹越明显。这是我们所喜欢的书会带来的效果。我希望继续跟他们一起活下去，希望有他们后续的消息，我希望记住他们，希望他们永远不要从我的记忆中消失。然而我知道他们终究还是会消失。读完一本书最后一页带来的感觉是如此强烈。第二天，当我躺下睡觉的时候，很难打开一本新的小说，仿佛这样做就是对前一本书不忠诚。但我需要投入另一本书中，认识新的人物，学着去爱上他们。然后，无论如何我希望书发挥它的魅力，我都会发现自己注定将迎接新的命运。

在我的职业生涯中，我经常有这样的感受。一个患者离开了，我在候诊室迎接另一个新的患者。这时就是我焦虑的时刻，要是我没那么喜欢他，要是他的故事并不能触动我该怎么办？我确实遇到过这种情况，但我仍会保持冷静，奋力投入新的冒险中，重新缔结一段关系。接着，人与人之间相处的魔法就会发挥作用，人的所有机制就会自动运转起来，我开始感动，感到好奇，感到自己与这个人联结上了，这样就好了，我们可以出发了。这场全新的相遇就成为我生命的一部分。我不会放弃这个患者、这个家庭、这个孩子，我会花时间去找出问题、解决方法，帮助他们重新找到生活的动力。这些都是不可思议的感受，仿佛一见钟情，爱情故事接踵而至。即使第一次见面我经常害怕，也常常担忧，但我从未想过放弃。对方身上的人性是多么不可思议啊。那是我们所有人都共有的一部分，让我们如此顽强又脆弱的部分。我们只是人，我们如此渺小，却因为全人类的共通性又变得如此伟大。

然后时间流逝，到了该结束的时刻，心理治疗的陪伴之旅快结束了。又一次的结局。心理治疗这份工作很特别，人们在状态很差、感到不舒服、有许多问题的时候才来见我们，可当他们感到好一些的时候就要离开了，一切就结束了，他们会从我们的生活中消失。所以我们的职业是让人尽快离开我们，我们的目标是分离。就像父母的爱，爱孩子就是为了让他们更好地离开，更好地自立。心理医生也是一样，我们尽全力加快分离的到来。说实话这真的非常让人困扰！我最近见了一些以前的患者，有些人来咨询的时候还是孩子，现在已是青少年；有些来咨询时还是初中生，现在已经长成了大人；还有些带着年幼的孩子来咨询的家长们。岁月催人老，时光才是最大的赢家。

尽管我不喜欢终点，但所有新的起点都将让我疯狂。跟新的患者开始一个新的起点，我们将迎接许多惊喜，敞开内心的隐秘处，探索、挖掘、整理大脑中的秘密。每个开始都是让人害怕的冒险，但同时也让人采取行动，敞开心灵，激发真正的好奇心，即对生命的好奇心。

每次当我们接近分离的时候，我也很高兴患者即将开始新生命的旅途，即将展开的新生命真的让我感到快乐。新生命仿佛在我们面前解锁了各种可能，还带着某种情节：现在会发生什么呢？你们会告诉我后面的情况到底怎么样吗？所有患者都跟我说会的，然而，生命、他们的生活就占据了一切。我们确实有一段时间在一起，真正地在一起，这是一段被分别出来的时期，很重要，通常是决定性的。跟患者一起生活，意味着分享生命中一段神圣的时期，尽管这段时期很少是容易的，但总是非常丰富。有时因为不知道患者后面的故事，我感到很难过，但这是我的工作，我愿意接受；不，我还是不太情愿，但我还是深深地接受这一点。我不得不承认，我经常想着他们，对他们今天，五年、十年、二十年、二十五年……之后的生活感到好奇。

我不喜欢写书的结尾，书中的每一行，都是我跟你们一起活过的见证。在书写的每个时刻，我都想着你们。我写这本书，只是为了分享，跟你们建立联结，帮助你们，让你们可以使用它，让它成为你们生命中的一个资源。写书的时候我总是感到有些紧张，我必须写这一点吗？还是写另外一点比较好？提到这点那么重要吗？不需要展开另外一点吗？现在、此刻，正在读这本书的人需要的是什么？这是困扰我最多的问题：你需要什么？这就是为什么我不喜欢写完一本书，因为担心你们可能会忘记有帮助的重点，担心你们留下我一个人。读者和患者不一样，我们看得见、感受得到患者，有时还可以摸到他们。但读者却是匿名的，他们在那里，却离我很远，他们存在，我却不知道他们的长相、他们的生活和内心世界。所以分享的方式非常不同。有时候在读者见面会、会议上或其他场合也会见面，我很喜欢这些时刻，那是馈赠的时刻，真诚相遇的时刻，即便这样的见面有时很隐秘、时间很短，看起来可能很肤浅，但我喜欢遇见被我的书感动的人，跟他们面对面。

很多年来我一直在酝酿着这本书，只是不敢写出来，不确定自己是否有权利这么做，认真地分享我在这股新心理学潮流中的信念。我多年来都在实践这些信念，和我的团队一同在这场持续的反思运动中精细地整理了这些信念。我真的可以写出来吗？在思考这个问题时，我发现这方面的资料非常少，我仿佛坐在沙漠中，周围一片荒芜。感受到了写作的必要性，我无法忍受这种让心理学发生本质性转化的强烈意愿藏在自己的心里。新心理学，不是充满新概念的新心理学，而是敢于给出建议，拒绝过时教条，并且整全、主动、充满动力、活跃的心理学；它不会忽略心理医生的承诺，那是感同身受地投入，这样的承诺认为有必要让来咨询室敲门的人清楚地知道治疗切实带来的结果。这样的心理学非常有胆量，不再躲在幕后，医生在保护他的职业道德范围内，超越原有的框架，跟患者一起来创造出新的心理学。这样的新心理学向今天或将来所有的科学研究成果开放，以至于总是可以及时给予建议，创造、想象出一切能够让患者过上好生活的手段。

我也提倡一种不束缚在咨询室里的心理治疗，心理治疗必须延展到生活的每个领域。今天，我们知道大脑的脑回和脑沟对心理的影响，很多激素、分泌物如何介入并影响我们的生活；我们清楚大脑可塑性很强，随时可以被改变；我们理解了情绪必须紧紧连于每个当下，指明我们的方向；我们明白如果没有情绪，我们的智力也无法运转。我们的研究发现不能把人分成几部分，并人为地隔离这个部分或那个部分，所有的一切都混合、交织、联结在一起，一切都错综复杂，触碰一个角落就是改变整体。心灵、身体、大脑，这三者总是永远不可分离。我们发现潜意识在我们不知情的情况下经常主导我们的生活，我们现在可以不再做潜意识的玩偶，因为我们有技术和方法去观察和探索它，并把我们认为如同印刻在大理石上的想法分割出来。潜意识不再是压抑的性创伤所潜伏的恐怖巢穴，而是我们生命每个时刻的鲜活记忆。我们学会了重新掌管自己的生命，我们明白重获做自己的自由、选择自己命运的重要性，我们知道我们的潜能、我们的“阳光盒”、我们的优点、我们的技能、我们的智力及内心深处的宝藏可以从根本上改变我们的存在。心理学在前进，它已经不再是昨天的心理学，尽管还不知道明天它会如何。

我们受邀时刻留心，最大限度地传播我们从新心理学中所学到的东西，这才是心理学的角色。让每个人都有办法“过得好”，尽可能地好。对于父母来说，就是尽量平静地完成日常生活中的事务，能够感受到被支持，而不是一直被质疑。在学校，注重人文、情感、认知方面的知识，让每个孩子都能成为学习的主角，找到学习的乐趣；让每个老师都更有自主性，给予他们电子的和关键的工具，让他们重拾导师的角色，成为孩子最主要的参考榜样，让孩子们可以从他们身上获得帮助。在夫妻关系中，帮助他们取得某些情感、沟通模式的平衡，避免关系无法持续、一直失败，向他们渗透非常现代的想法：例行的日常可以拯救两性关系。就是在日常生活中，我们也可以为他人编织出温柔，那是我们的心灵迫切的需求。在企业中也是一样，情绪是引擎，仁爱不仅是流行的词语，也是创造明天的价值……

心理学，新心理学，必须尽可能地融入社会才能成为心理疾病预防机制。预防好过治疗。新心理学必须是杰出、活泼、投入、坚定且容易理解的，在任何时刻对所有人而言都该如此。我们的预防机制做得越好，治疗的需要就越少。我们的职业必须转化，必须成长、发展。我们必须成为家庭心理医生，就像我们的家庭医生一样，他了解我们身体所有的情况，我们非常依赖他，因为我们之间有关系，有无限的信任。心理治疗在这个转化过程中必须成为核心，成为一个平台，让我们能够理解某个患者在某个生命的时刻正在发生的事，然后把他引向另一位专科医生，就像家庭全科医生做的一样。心理学必须摒弃用单一路径理解痛苦的方式，必须重新找回它的尊贵之处，它拥有巨大的资源，即整全心理学。理解、剖析、用放大镜去观察，然后在必要的时候安排治疗或采用陪伴制度帮助患者面对明天，让他们发挥生命全部的潜力。新心理学必须赢得这样的挑战：处于社会的中心位置，负责地站在需要帮助的人的身边，以坚定的承诺让人不偏离设定的结果，深深扎根于不断前进的科学中，接受作为脆弱的人虽不能做到百分之百完美，也无法理解所有一切，但总是能全心全意地去做。

“我之心”
——作为序言、总结或职业的信仰告白

是的，我相信，爱可以成就一切。

是的，我相信，爱创造生命，爱是生命的起源，我们为了赋予生命而“做爱”，我们寻找爱才能成长，我们一生都在寻求爱，我们可以为爱而死或因为感受不到爱而死。

是的，我相信，没有爱的生命就是没有灵魂的生命。

是的，我相信，尽管有许多诱惑、面具和假象，唯有爱能让我们坚强站立。

是的，我相信，在我们的内心深处，唯有爱是我们生命和存活的燃料。

是的，我相信，爱比我们更强大，比任何东西都强大。

是的，我相信，只有爱可以拯救我们脱离生活的琐碎和生命的无意义。

是的，我相信，爱可以治愈一切，拯救一切。

是的，我相信，所有心理疾病都出于对爱的索求，也只能通过爱来治愈。

是的，我相信，爱非常不容易，但是我们不可能放弃爱。

是的，我相信，我们所有人都感到恐惧，令人难以置信的恐惧，只有爱能安慰我们。

是的，我相信，爱从来不是荒谬的，而总是非常勇敢的。

是的，我相信，不能爱只是害怕爱。

是的，我相信，爱超越生命，只有连于永恒的爱，我们才能获得宁静。

是的，我相信，说出爱，是唯一、真正的挑战。

是的，我相信，爱是活泼的，爱就是生命。

爱？在法语里，我们只有一个字来表达所有的爱。爱从一开始直到永远都是建立人类社会的基础。

没有爱，我们不可能存在，爱建造了我们，养育了我们，让我们行动起来。爱让我们活过来，爱让我们活着。爱是我们作为人所经历的神秘却强大的转化过程。

“我之心”，就是我，就是你，就是你们，就是我们。